LBO

Landesbauordnung für Baden-Württemberg

LBauO BW

M&E Rechts- & Gesetzesredaktion

LBO

Landesbauordnung für Baden-Württemberg

LBauO BW

ISBN 978-3-947201-85-3

© M&E Rechts- & Gesetzesredaktion

M&E Books Verlag GmbH

Mittelstr. 11-13

40789 Monheim am Rhein

Telefon 02173-993 8712

Telefax 02173-898 4993

https://me-books.de

info@me-books.de

Steuer-Nr: 135/5746/0659

USt.-IdNr.: DE310782725

Geschäftsführer: Vu Dinh

Die Rechte am Werk, inbesondere für die Zusammenstellung, die Cover- und weitere Gestaltung liegen beim Verlag. Trotz sorgfältigster Bearbeitung und Qualitätskontrolle können Übertragungsfehler und technischer Fehler nicht letztgültig ausgeschlossen werden. Fachanwaltliche Beratung wird durch die Konsultation einer Rechtssamlung nicht ersetzt

VORWORT

Wir alle leben in einer stark rechtlich geprägten Welt. Straßenverkehrsrecht, Steuerrecht, Mietrecht, Kauf- und Vertragsrecht, Erbrecht, Baurecht, Strafrecht und vieles mehr bestimmen täglich die Rahmenbedingungen für unser Leben. Für einen rechtlichen Laien ist es unmöglich, auf allen Rechtsgebieten Fachmann zu werden und Richtern und Rechtsanwälten auf Augenhöhe zu begegnen. Es ist jedoch möglich, durch einen Blick ins Gesetz zumindest die Grundlagen kennenzulernen. Dazu dient dieser Gesetzestext.

Das Recht ist stets im Wandel und unterliegt ständigen Veränderungen. Wir bieten aktuelle Gesetzestexte in einem handlichen Format für die Praxis. Die Zusammenstellung der Gesetzestexte wurde von der Rechts- und Gesetzesredaktion des Verlages sorgfältig auf Aktualität geprüft. In der Redaktion werden ausschließlich Volljuristen mit der Befähigung zur Ausübung eines Richteramtes eingesetzt. So können Sie sicher sein, dass Sie stets die amtlich gültige und aktuelle Fassung in Händen halten.

M&E Rechts- & Gesetzesredaktion

INHALT

VORWORT 4

INHALT 6

ERSTER TEIL Allgemeine Vorschriften 11
    § 1 Anwendungsbereich 11
    § 2 Begriffe 11
    § 3 Allgemeine Anforderungen 15

ZWEITER TEIL Das Grundstück und seine Bebauung 16
    § 4 Bebauung der Grundstücke 16
    § 5 Abstandsflächen 16
    § 6 Abstandsflächen in Sonderfällen 18
    § 7 Übernahme von Abständen und Abstandsflächen auf Nachbargrundstücke 19
    § 8 Teilung von Grundstücken 20
    § 9 Nichtüberbaute Flächen der bebauten Grundstücke, Kinderspielplätze 20
    § 10 Höhenlage des Grundstücks 21

DRITTER TEIL Allgemeine Anforderungen an die Bauausführung 22
    § 11 Gestaltung 22
    § 12 Baustelle 22
    § 13 Standsicherheit 23
    § 14 Schutz baulicher Anlagen 23
    § 15 Brandschutz 24
    § 16 Verkehrssicherheit 25
    § 16a Bauarten 25

VIERTER TEIL Bauprodukte 28

§ 16b Allgemeine Anforderungen für die 28

§ 16c Anforderungen für die Verwendung von 28

§ 17 Verwendbarkeitsnachweise 28

§ 18 Allgemeine bauaufsichtliche Zulassung 29

§ 19 Allgemeines bauaufsichtliches Prüfzeugnis 30

§ 20 Nachweis der Verwendbarkeit von Bauprodukten im Einzelfall 30

§ 21 Übereinstimmungsbestätigung 31

§ 22 Übereinstimmungserklärung des Herstellers 31

§ 23 Zertifizierung..32

§ 24 Prüf-, Zertifizierungs- und Überwachungsstellen 32

§ 25 Besondere Sachkunde- und Sorgfaltsanforderungen 33

FÜNFTER TEIL Der Bau und seine Teile 35

§ 26 Allgemeine Anforderungen an das Brandverhalten von Baustoffen

und Bauteilen 35

§ 27 Anforderungen an tragende, aussteifende und raumabschließende Bauteile 36

§ 28 Anforderungen an Bauteile in Rettungswegen 37

§ 29 Aufzugsanlagen 38

§ 30 Lüftungsanlagen 38

§ 31 Leitungsanlagen 38

§ 32 Feuerungsanlagen, sonstige Anlagen zur Wärmeerzeugung,

Brennstoffversorgung 39

§ 33 Wasserversorgungs- und Wasserentsorgungsanlagen, Anlagen

für Abfallstoffe und Reststoffe 39

SECHSTER TEIL Einzelne Räume, Wohnungen und besondere Anlagen 41

§ 34 Aufenthaltsräume 41

§ 35 Wohnungen 42

§ 36 Toilettenräume und Bäder 42

§ 37 Stellplätze für Kraftfahrzeuge und Fahrräder, Garagen 43

§ 38 Sonderbauten 45

§ 39 Barrierefreie Anlagen 47

§ 40 Gemeinschaftsanlagen 49

SIEBENTER TEIL Am Bau Beteiligte, Baurechtsbehörden *50*

§ 41 Grundsatz 50

§ 42 Bauherr 50

§ 43 Entwurfsverfasser 51

§ 44 Unternehmer 55

§ 45 Bauleiter 56

§ 46 Aufbau und Besetzung der Baurechtsbehörden 56

§ 47 Aufgaben und Befugnisse der Baurechtsbehörden 57

§ 48 Sachliche Zuständigkeit 58

ACHTER TEIL Verwaltungsverfahren, Baulasten *60*

§ 49 Genehmigungspflichtige Vorhaben 60

§ 50 Verfahrensfreie Vorhaben 60

§ 51 Kenntnisgabeverfahren 61

§ 52 Vereinfachtes Baugenehmigungsverfahren 62

§ 53 Bauvorlagen und Bauantrag 62

§ 54 Fristen im Genehmigungsverfahren, gemeindliches Einvernehmen 64

§ 55 Beteiligung der Nachbarn und der Öffentlichkeit 65

§ 56 Abweichungen, Ausnahmen und Befreiungen 66

§ 57 Bauvorbescheid 68

§ 58 Baugenehmigung 68

§ 59 Baubeginn 69

§ 60 Sicherheitsleistung 70

§ 61 Teilbaugenehmigung 71

§ 62 Geltungsdauer der Baugenehmigung 71

§ 63 Verbot unrechtmäßig gekennzeichneter Bauprodukte 72

§ 64 Einstellung von Arbeiten..72

§ 65 Abbruchsanordnung und Nutzungsuntersagung 73

§ 66 Bauüberwachung...73

§ 67 Bauabnahmen, Inbetriebnahme der Feuerungsanlagen 74

§ 68 Typenprüfung 75

§ 69 Fliegende Bauten..75

§ 70 Zustimmungsverfahren, Vorhaben der Landesverteidigung 77

§ 71 Übernahme von Baulasten 78

§ 72 Baulastenverzeichnis...78

NEUNTER TEIL Rechtsvorschriften, Ordnungswidrigkeiten, Übergangs- und Schlussvorschriften 79

§ 73 Rechtsverordnungen 79

§ 73a Technische Baubestimmungen 82

§ 74 Örtliche Bauvorschriften..83

§ 75 Ordnungswidrigkeiten 86

§ 76 Bestehende bauliche Anlagen 88

§ 77 Übergangsvorschriften..88

§ 78 Außerkrafttreten bisherigen Rechts 89

§ 79 Inkrafttreten..90

Anhang 91

Verfahrensfreie Vorhaben 91

ERSTER TEIL
Allgemeine Vorschriften

§ 1
Anwendungsbereich

(1) Dieses Gesetz gilt für bauliche Anlagen und Bauprodukte. Es gilt auch für Grundstücke, andere Anlagen und Einrichtungen, an die in diesem Gesetz oder in Vorschriften auf Grund dieses Gesetzes Anforderungen gestellt werden. Es gilt ferner für Anlagen nach Absatz 2, soweit an sie Anforderungen auf Grund von § 74 gestellt werden.

(2) Dieses Gesetz gilt

1. bei öffentlichen Verkehrsanlagen nur für Gebäude,

2. bei den der Aufsicht der Wasserbehörden unterliegenden Anlagen nur für Gebäude, Überbrückungen, Abwasseranlagen, Wasserbehälter, Pumpwerke, Schachtbrunnen, ortsfeste Behälter für Treibstoffe, Öle und andere wassergefährdende Stoffe, sowie für Abwasserleitungen auf Baugrundstücken,

3. bei den der Aufsicht der Bergbehörden unterliegenden Anlagen nur für oberirdische Gebäude,

4. bei Leitungen aller Art nur für solche auf Baugrundstücken.

Es gilt nicht für Kräne und Krananlagen mit Ausnahme ihrer Bahnen und Unterstützungen, wenn diese mit einer baulichen Anlage verbunden sind.

§ 2
Begriffe

(1) Bauliche Anlagen sind unmittelbar mit dem Erdboden verbundene, aus Bauprodukten hergestellte Anlagen. Eine Verbindung mit dem Erdboden besteht auch dann, wenn die Anlage durch eigene Schwere auf dem Boden ruht oder wenn die Anlage nach ihrem

Verwendungszweck dazu bestimmt ist, überwiegend ortsfest benutzt zu werden. Als bauliche Anlagen gelten auch

1. Aufschüttungen und Abgrabungen,

2. Ausstellungs-, Abstell- und Lagerplätze,

3. Camping-, Wochenend- und Zeltplätze,

4. Sport- und Spielflächen,

5. Freizeit- und Vergnügungsparks,

6. Stellplätze.

(2) Gebäude sind selbständig benutzbare, überdeckte bauliche Anlagen, die von Menschen betreten werden können und geeignet sind, dem Schutz von Menschen, Tieren oder Sachen zu dienen.

(3) Wohngebäude sind Gebäude, die überwiegend der Wohnnutzung dienen und außer Wohnungen allenfalls Räume für die Berufsausübung freiberuflich oder in ähnlicher Art Tätiger sowie die zugehörigen Garagen und Nebenräume enthalten.

(4) Gebäude werden in folgende Gebäudeklassen eingeteilt:

1. Gebäudeklasse 1:

freistehende Gebäude mit einer Höhe bis zu 7 m und nicht mehr als zwei Nutzungseinheiten von insgesamt nicht mehr als 400 m² und freistehende land- oder forstwirtschaftlich genutzte Gebäude,

2. Gebäudeklasse 2:

Gebäude mit einer Höhe bis zu 7 m und nicht mehr als zwei Nutzungseinheiten von insgesamt nicht mehr als 400 m²,

3. Gebäudeklasse 3:

sonstige Gebäude mit einer Höhe bis zu 7 m,

4. Gebäudeklasse 4:

Gebäude mit einer Höhe bis zu 13 m und Nutzungseinheiten mit jeweils nicht mehr als 400 m²,

5. Gebäudeklasse 5:

sonstige Gebäude einschließlich unterirdischer Gebäude.

Höhe im Sinne des Satzes 1 ist das Maß der Fußbodenoberkante des höchstgelegenen Geschosses, in dem ein Aufenthaltsraum möglich ist, über der Geländeoberfläche im Mittel. Grundflächen von Nutzungseinheiten im Sinne dieses Gesetzes sind die Brutto-Grundflächen; bei der Berechnung der Brutto-Grundflächen nach Satz 1 bleiben Flächen in Kellergeschossen außer Betracht.

(5) Geschosse sind oberirdische Geschosse, wenn ihre Deckenoberkanten im Mittel mehr als 1,4 m über die Geländeoberfläche hinausragen; im Übrigen sind sie Kellergeschosse. Hohlräume zwischen der obersten Decke und der Bedachung, in denen Aufenthaltsräume nicht möglich sind, sind keine Geschosse.

(6) Vollgeschosse sind Geschosse, die mehr als 1,4 m über die im Mittel gemessene Geländeoberfläche hinausragen und, von Oberkante Fußboden bis Oberkante Fußboden der darüberliegenden Decke oder bis Oberkante Dachhaut des darüberliegenden Daches gemessen, mindestens 2,3 m hoch sind. Die im Mittel gemessene Geländeoberfläche ergibt sich aus dem arithmetischen Mittel der Höhenlage der Geländeoberfläche an den Gebäudeecken. Keine Vollgeschosse sind

1. Geschosse, die ausschließlich der Unterbringung von haustechnischen Anlagen und Feuerungsanlagen dienen,

2. oberste Geschosse, bei denen die Höhe von 2,3 m über weniger als drei Viertel der Grundfläche des darunterliegenden Geschosses vorhanden ist.

Hohlräume zwischen der obersten Decke und dem Dach, deren lichte Höhe geringer ist, als sie für Aufenthaltsräume nach § 34 Abs. 1 erforderlich ist, sowie offene Emporen bis zu einer Grundfläche von 20 m² bleiben außer Betracht.

(7) Aufenthaltsräume sind Räume, die zum nicht nur vorübergehenden Aufenthalt von Menschen bestimmt oder geeignet sind.

(8) Stellplätze sind Flächen, die dem Abstellen von Kraftfahrzeugen und Fahrrädern außerhalb der öffentlichen Verkehrsflächen dienen. Garagen sind Gebäude oder Gebäudeteile zum Abstellen von Kraftfahrzeugen. Ausstellungs-, Verkaufs-, Werk- und Lagerräume sind keine Stellplätze oder Garagen.

(9) Anlagen der Außenwerbung (Werbeanlagen) sind alle örtlich gebundenen Einrichtungen, die der Ankündigung oder Anpreisung oder als Hinweis auf Gewerbe

oder Beruf dienen und vom öffentlichen Verkehrsraum aus sichtbar sind. Hierzu gehören vor allem Schilder, Beschriftungen, Bemalungen, Lichtwerbungen, Schaukästen sowie für Anschläge oder Lichtwerbung bestimmte Säulen, Tafeln und Flächen. Keine Werbeanlagen im Sinne dieses Gesetzes sind

1. Werbeanlagen, die im Zusammenhang mit allgemeinen Wahlen oder Abstimmungen angebracht oder aufgestellt werden, während der Dauer des Wahlkampfes,

2. Werbeanlagen in Form von Anschlägen,

3. Werbeanlagen an Baustellen, soweit sie sich auf das Vorhaben beziehen,

4. Lichtwerbungen an Säulen, Tafeln oder Flächen, die allgemein dafür baurechtlich genehmigt sind,

5. Auslagen und Dekorationen in Schaufenstern und Schaukästen,

6. Werbemittel an Verkaufsstellen für Zeitungen und Zeitschriften.

(10) Bauprodukte sind

1. Produkte, Baustoffe, Bauteile und Anlagen sowie Bausätze gemäß Artikel 2 Nummer 2 der Verordnung (EU) Nr. 305/2011 des Europäischen Parlaments und des Rates vom 9. März 2011 zur Festlegung harmonisierter Bedingungen für die Vermarktung von Bauprodukten und zur Aufhebung der Richtlinie 89/106/EWG des Rates (ABl. L 88 vom 4.4.2011, S. 5, ber. ABl. L 103 vom 12.4.2013, S. 10), die zuletzt durch Delegierte Verordnung (EU) Nr. 574/2014 (ABl. L 159 vom 28.5.2014, S. 41) geändert worden ist, die hergestellt werden, um dauerhaft in bauliche Anlagen eingebaut zu werden,

2. aus Produkten, Baustoffen, Bauteilen sowie Bausätzen gemäß Artikel 2 Nummer 2 der Verordnung (EU) Nr. 305/2011 vorgefertigte Anlagen, die hergestellt werden, um mit dem Erdboden verbunden zu werden,

und deren Verwendung sich auf die Anforderungen nach § 3 Absatz 1 Satz 1 auswirken kann.

(11) Bauart ist das Zusammenfügen von Bauprodukten zu baulichen Anlagen oder Teilen von baulichen Anlagen.

(12) Feuerstätten sind Anlagen oder Einrichtungen, die in oder an Gebäuden ortsfest benutzt werden und dazu bestimmt sind, durch Verbrennung Wärme zu erzeugen.

(13) Es stehen gleich

1. der Errichtung das Herstellen, Aufstellen, Anbringen, Einbauen, Einrichten, Instandhalten, Ändern und die Nutzungsänderung,

2. dem Abbruch das Beseitigen, soweit nichts anderes bestimmt ist.

(14) Maßgebend sind in den Absätzen 4, 5 und 6 Satz 1 und 3 die Rohbaumaße.

§ 3
Allgemeine Anforderungen

(1) Bauliche Anlagen sowie Grundstücke, andere Anlagen und Einrichtungen im Sinne von § 1 Abs. 1 Satz 2 sind so anzuordnen und zu errichten, dass die öffentliche Sicherheit oder Ordnung, insbesondere Leben, Gesundheit oder die natürlichen Lebensgrundlagen, nicht bedroht werden und dass sie ihrem Zweck entsprechend ohne Missstände benutzbar sind; dabei sind die Grundanforderungen an Bauwerke gemäß Anhang I der Verordnung (EU) Nr. 305/2011 zu berücksichtigen. Für den Abbruch baulicher Anlagen gilt dies entsprechend.

(2) In die Planung von Gebäuden sind die Belange von Personen mit kleinen Kindern, Menschen mit Behinderung und alten Menschen nach Möglichkeit einzubeziehen.

ZWEITER TEIL
Das Grundstück und seine Bebauung

§ 4
Bebauung der Grundstücke

(1) Gebäude dürfen nur errichtet werden, wenn das Grundstück in angemessener Breite an einer befahrbaren öffentlichen Verkehrsfläche liegt oder eine befahrbare, öffentlich-rechtlich gesicherte Zufahrt zu einer befahrbaren öffentlichen Verkehrsfläche hat; bei Wohnwegen kann auf die Befahrbarkeit verzichtet werden, wenn keine Bedenken wegen des Brandschutzes bestehen.

(2) Die Errichtung eines Gebäudes auf mehreren Grundstücken ist zulässig, wenn durch Baulast gesichert ist, dass keine Verhältnisse eintreten können, die den Vorschriften dieses Gesetzes oder den auf Grund dieses Gesetzes erlassenen Vorschriften zuwiderlaufen.

(3) Bauliche Anlagen mit Feuerstätten müssen von Wäldern, Mooren und Heiden mindestens 30 m entfernt sein; die gleiche Entfernung ist mit Gebäuden von Wäldern sowie mit Wäldern von Gebäuden einzuhalten. Dies gilt nicht für Gebäude, die nach den Festsetzungen des Bebauungsplans mit einem geringeren Abstand als nach Satz 1 zulässig sind, sowie für bauliche Änderungen rechtmäßig bestehender baulicher Anlagen. Ausnahmen können zugelassen werden. Größere Abstände können verlangt werden, soweit dies wegen des Brandschutzes oder zur Sicherheit der Gebäude erforderlich ist.

§ 5
Abstandsflächen

(1) Vor den Außenwänden von baulichen Anlagen müssen Abstandsflächen liegen, die von oberirdischen baulichen Anlagen freizuhalten sind. Eine Abstandsfläche ist nicht erforderlich vor Außenwänden an Grundstücksgrenzen, wenn nach planungsrechtlichen Vorschriften

1. an die Grenze gebaut werden muss, es sei denn, die vorhandene Bebauung erfordert eine Abstandsfläche, oder

2. an die Grenze gebaut werden darf und öffentlich-rechtlich gesichert ist, dass auf dem Nachbargrundstück ebenfalls an die Grenze gebaut wird.

Die öffentlich-rechtliche Sicherung ist nicht erforderlich, wenn nach den Festsetzungen einer abweichenden Bauweise unabhängig von der Bebauung auf dem Nachbargrundstück an die Grenze gebaut werden darf.

(2) Die Abstandsflächen müssen auf dem Grundstück selbst liegen. Sie dürfen auch auf öffentlichen Verkehrsflächen, öffentlichen Grünflächen und öffentlichen Wasserflächen liegen, bei beidseitig anbaubaren Flächen jedoch nur bis zu deren Mitte.

(3) Die Abstandsflächen dürfen sich nicht überdecken. Dies gilt nicht für Abstandsflächen von Außenwänden, die in einem Winkel von mehr als 75° zueinander stehen.

(4) Die Tiefe der Abstandsfläche bemisst sich nach der Wandhöhe; sie wird senkrecht zur jeweiligen Wand gemessen. Als Wandhöhe gilt das Maß vom Schnittpunkt der Wand mit der Geländeoberfläche bis zum Schnittpunkt der Wand mit der Dachhaut oder bis zum oberen Abschluss der Wand. Ergeben sich bei einer Wand durch die Geländeoberfläche unterschiedliche Höhen, ist die im Mittel gemessene Wandhöhe maßgebend. Sie ergibt sich aus dem arithmetischen Mittel der Höhenlage an den Eckpunkten der baulichen Anlage; liegen bei einer Wand die Schnittpunkte mit der Dachhaut oder die oberen Abschlüsse verschieden hoch, gilt dies für den jeweiligen Wandabschnitt. Maßgebend ist die tatsächliche Geländeoberfläche nach Ausführung des Bauvorhabens, soweit sie nicht zur Verringerung der Abstandsflächen angelegt wird oder wurde.

(5) Auf die Wandhöhe werden angerechnet

1. die Höhe von Dächern oder Dachaufbauten mit einer Neigung von mehr als 70° voll und von mehr als 45° zu einem Viertel,

2. die Höhe einer Giebelfläche zur Hälfte des Verhältnisses, in dem ihre tatsächliche Fläche zur gedachten Gesamtfläche einer rechteckigen Wand mit denselben Maximalabmessungen steht; die Giebelfläche beginnt an der Horizontalen durch den untersten Schnittpunkt der Wand mit der Dachhaut,

3. bei Windenergieanlagen nur die Höhe bis zur Rotorachse, wobei die Tiefe der Abstandsfläche mindestens der Länge des Rotorradius entsprechen muss.

(6) Bei der Bemessung der Abstandsfläche bleiben außer Betracht

1. untergeordnete Bauteile wie Gesimse, Dachvorsprünge, Eingangs- und Terrassenüberdachungen, wenn sie nicht mehr als 1,5 m vor die Außenwand vortreten,

2. Vorbauten wie Wände, Erker, Balkone, Tür- und Fenstervorbauten, wenn sie nicht breiter als 5 m sind, nicht mehr als 1,5 m vortreten

und von Nachbargrenzen mindestens 2 m entfernt bleiben. Außerdem bleibt die nachträgliche Wärmedämmung eines bestehenden Gebäudes außer Betracht, wenn sie einschließlich der Bekleidung nicht mehr als 0,30 m vor die Außenwand tritt; führt eine nachträgliche Dämmung des Daches zu einer größeren Wandhöhe, ist die zusätzlich erforderliche Abstandsfläche auf dieses Maß anzurechnen.

(7) Die Tiefe der Abstandsflächen beträgt

1. allgemein 0,4 der Wandhöhe,

2. in Kerngebieten, Dorfgebieten, urbanen Gebieten und in besonderen Wohngebieten 0,2 der Wandhöhe,

3. in Gewerbegebieten und in Industriegebieten, sowie in Sondergebieten, die nicht der Erholung dienen, 0,125 der Wandhöhe.

Sie darf jedoch 2,5 m, bei Wänden bis 5 m Breite 2 m nicht unterschreiten.

§ 6
Abstandsflächen in Sonderfällen

(1) In den Abstandsflächen baulicher Anlagen sowie ohne eigene Abstandsflächen sind zulässig:

1. Gebäude oder Gebäudeteile, die eine Wandhöhe von nicht mehr als 1 m haben,

2. Garagen, Gewächshäuser und Gebäude ohne Aufenthaltsräume mit einer Wandhöhe bis 3 m und einer Wandfläche bis 25 m^2,

3. bauliche Anlagen, die keine Gebäude sind, soweit sie nicht höher als 2,5 m sind oder ihre Wandfläche nicht mehr als 25 m² beträgt,

4. landwirtschaftliche Gewächshäuser, die nicht unter Nummer 2 fallen, soweit sie mindestens 1 m Abstand zu Nachbargrenzen einhalten.

Für die Ermittlung der Wandhöhe nach Satz 1 Nr. 2 ist der höchste Punkt der Geländeoberfläche zugrunde zu legen. Die Grenzbebauung im Falle des Satzes 1 Nr. 2 darf entlang den einzelnen Nachbargrenzen 9 m und insgesamt 15 m nicht überschreiten.

(2) Werden mit Gebäuden oder Gebäudeteilen nach Absatz 1 dennoch Abstandsflächen eingehalten, so müssen sie gegenüber Nachbargrenzen eine Tiefe von mindestens 0,5 m haben.

(3) Geringere Tiefen der Abstandsflächen sind zuzulassen, wenn

1. in überwiegend bebauten Gebieten die Gestaltung des Straßenbildes oder besondere örtliche Verhältnisse dies erfordern oder

2. Beleuchtung mit Tageslicht sowie Belüftung in ausreichendem Maße gewährleistet bleiben, Gründe des Brandschutzes nicht entgegenstehen und nachbarliche Belange nicht erheblich beeinträchtigt werden.

In den Fällen der Nummer 1 können geringere Tiefen der Abstandsflächen auch verlangt werden.

§ 7
Übernahme von Abständen und Abstandsflächen auf Nachbargrundstücke

Soweit nach diesem Gesetz oder nach Vorschriften auf Grund dieses Gesetzes Abstände und Abstandsflächen auf dem Grundstück selbst liegen müssen, dürfen sie sich ganz oder teilweise auf andere Grundstücke erstrecken, wenn durch Baulast gesichert ist, dass sie nicht überbaut werden und auf die auf diesen Grundstücken erforderlichen Abstandsflächen nicht angerechnet werden. Vorschriften, nach denen in den Abstandsflächen bauliche Anlagen zulässig sind oder ausnahmsweise zugelassen werden können, bleiben unberührt.

§ 8
Teilung von Grundstücken

(1) Durch die Teilung eines Grundstücks, das bebaut oder dessen Bebauung genehmigt ist, dürfen keine Verhältnisse geschaffen werden, die Vorschriften dieses Gesetzes oder auf Grund dieses Gesetzes widersprechen.

(2) Die geplante Teilung eines Grundstücks nach Absatz 1 ist der unteren Baurechtsbehörde zwei Wochen vorher anzuzeigen; § 19 Absatz 1 BauGB gilt entsprechend. Soll bei der Teilung von Vorschriften dieses Gesetzes oder auf Grund dieses Gesetzes abgewichen werden, ist § 56 entsprechend anzuwenden.

§ 9
Nichtüberbaute Flächen der bebauten Grundstücke, Kinderspielplätze

(1) Die nichtüberbauten Flächen der bebauten Grundstücke müssen Grünflächen sein, soweit diese Flächen nicht für eine andere zulässige Verwendung benötigt werden. Ist eine Begrünung oder Bepflanzung der Grundstücke nicht oder nur sehr eingeschränkt möglich, so sind die baulichen Anlagen zu begrünen, soweit ihre Beschaffenheit, Konstruktion und Gestaltung es zulassen und die Maßnahme wirtschaftlich zumutbar ist.

(2) Bei der Errichtung von Gebäuden mit mehr als drei Wohnungen, die jeweils mindestens zwei Aufenthaltsräume haben, ist auf dem Baugrundstück oder in unmittelbarer Nähe auf einem anderen geeigneten Grundstück, dessen dauerhafte Nutzung für diesen Zweck öffentlich-rechtlich gesichert sein muss, ein ausreichend großer Spielplatz für Kleinkinder anzulegen. Die Art, Größe und Ausstattung der Kinderspielplätze bestimmt sich nach der Zahl und Größe der Wohnungen auf dem Grundstück. Es genügt auch, eine öffentlich-rechtlich gesicherte, ausreichend große Grundstücksfläche von baulichen Anlagen, Bepflanzung und sonstiger Nutzung freizuhalten, die bei Bedarf mit festen oder mobilen Spielgeräten für Kleinkinder belegt werden kann. Die Sätze 1 bis 3 gelten nicht, wenn die Art der Wohnungen einen Kinderspielplatz nicht erfordert.

(3) Die Baurechtsbehörde kann mit Zustimmung der Gemeinde zulassen, dass der Bauherr zur Erfüllung seiner Verpflichtung nach Absatz 2 einen Geldbetrag an die Gemeinde zahlt. Dieser Geldbetrag muss innerhalb eines angemessenen Zeitraums für die Errichtung oder den Ausbau eines nahegelegenen, gefahrlos erreichbaren kommunalen Kinderspielplatzes verwendet werden.

§ 10
Höhenlage des Grundstücks

Bei der Errichtung baulicher Anlagen kann verlangt werden, dass die Oberfläche des Grundstücks erhalten oder ihre Höhenlage verändert wird, um

1. eine Verunstaltung des Straßen-, Orts- oder Landschaftsbildes zu vermeiden oder zu beseitigen,

2. die Oberfläche des Grundstücks der Höhe der Verkehrsfläche oder der Höhe der Nachbargrundstücke anzugleichen oder

3. überschüssigen Bodenaushub zu vermeiden.

DRITTER TEIL
Allgemeine Anforderungen an die Bauausführung

§ 11
Gestaltung

(1) Bauliche Anlagen sind mit ihrer Umgebung so in Einklang zu bringen, dass sie das Straßen-, Orts- oder Landschaftsbild nicht verunstalten oder deren beabsichtigte Gestaltung nicht beeinträchtigen. Auf Kultur- und Naturdenkmale und auf erhaltenswerte Eigenarten der Umgebung ist Rücksicht zu nehmen.

(2) Bauliche Anlagen sind so zu gestalten, dass sie nach Form, Maßstab, Werkstoff, Farbe und Verhältnis der Baumassen und Bauteile zueinander nicht verunstaltet wirken.

(3) Die Absätze 1 und 2 gelten entsprechend für

1. Werbeanlagen, die keine baulichen Anlagen sind,

2. Automaten, die vom öffentlichen Verkehrsraum aus sichtbar sind,

3. andere Anlagen und Grundstücke im Sinne von § 1 Abs. 1 Satz 2.

(4) In reinen Wohngebieten, allgemeinen Wohngebieten, Dorfgebieten und Kleinsiedlungsgebieten sind nur für Anschläge bestimmte Werbeanlagen sowie Werbeanlagen an der Stätte der Leistung zulässig.

§ 12
Baustelle

(1) Baustellen sind so einzurichten, dass die baulichen Anlagen ordnungsgemäß errichtet oder abgebrochen werden können und Gefahren oder vermeidbare erhebliche Belästigungen nicht entstehen.

(2) Bei der Ausführung genehmigungspflichtiger Vorhaben hat der Bauherr an der Baustelle den von der Baurechtsbehörde nach § 59 Abs. 1 erteilten Baufreigabeschein

anzubringen. Der Bauherr hat in den Baufreigabeschein Namen, Anschrift und Rufnummer der Unternehmer für die Rohbauarbeiten spätestens bei Baubeginn einzutragen; dies gilt nicht, wenn an der Baustelle ein besonderes Schild angebracht ist, das diese Angaben enthält. Der Baufreigabeschein muss dauerhaft, leicht lesbar und von der öffentlichen Verkehrsfläche aus sichtbar angebracht sein.

(3) Bei Vorhaben im Kenntnisgabeverfahren hat der Bauherr spätestens bei Baubeginn an der Baustelle dauerhaft, leicht lesbar und von der öffentlichen Verkehrsfläche sichtbar anzugeben:

1. Die Bezeichnung des Vorhabens,

2. den Namen und die Anschrift des Entwurfsverfassers und des Bauleiters,

3. den Namen, die Anschrift und die Rufnummer der Unternehmer für die Rohbauarbeiten.

(4) Bäume, Hecken und sonstige Bepflanzungen, die auf Grund anderer Rechtsvorschriften zu erhalten sind, müssen während der Bauausführung geschützt werden.

§ 13
Standsicherheit

(1) Bauliche Anlagen müssen sowohl im ganzen als auch in ihren einzelnen Teilen sowie für sich allein standsicher sein. Die Standsicherheit muss auch während der Errichtung sowie bei der Durchführung von Abbrucharbeiten gewährleistet sein. Die Standsicherheit anderer baulicher Anlagen und die Tragfähigkeit des Baugrundes der Nachbargrundstücke dürfen nicht gefährdet werden.

(2) Die Verwendung gemeinsamer Bauteile für mehrere bauliche Anlagen ist zulässig, wenn durch Baulast und technisch gesichert ist, dass die gemeinsamen Bauteile beim Abbruch einer der aneinanderstoßenden baulichen Anlagen stehen bleiben können.

§ 14
Schutz baulicher Anlagen

(1) Geräusche, Erschütterungen oder Schwingungen, die von ortsfesten Einrichtungen in einer baulichen Anlage ausgehen, sind so zu dämmen, dass Gefahren sowie erhebliche Nachteile oder Belästigungen nicht entstehen. Gebäude müssen einen ihrer Nutzung entsprechenden Schallschutz haben.

(2) Bauliche Anlagen müssen so angeordnet, beschaffen und gebrauchstauglich sein, dass durch Wasser, Feuchtigkeit, pflanzliche und tierische Schädlinge sowie andere chemische, physikalische oder biologische Einflüsse Gefahren oder unzumutbare Belästigungen bei sachgerechtem Gebrauch nicht entstehen.

(3) Gebäude müssen einen ihrer Nutzung und den klimatischen Verhältnissen entsprechenden Wärmeschutz haben.

§ 15
Brandschutz

(1) Bauliche Anlagen sind so anzuordnen und zu errichten, dass der Entstehung eines Brandes und der Ausbreitung von Feuer und Rauch (Brandausbreitung) vorgebeugt wird und bei einem Brand die Rettung von Menschen und Tieren sowie wirksame Löscharbeiten möglich sind.

(2) Bauliche Anlagen, die besonders blitzgefährdet sind oder bei denen Blitzschlag zu schweren Folgen führen kann, sind mit dauernd wirksamen Blitzschutzanlagen zu versehen.

(3) Jede Nutzungseinheit muss in jedem Geschoß mit Aufenthaltsräumen über mindestens zwei voneinander unabhängige Rettungswege erreichbar sein; beide Rettungswege dürfen jedoch innerhalb eines Geschosses über denselben notwendigen Flur führen.

(4) Der erste Rettungsweg muss in Nutzungseinheiten, die nicht zu ebener Erde liegen, über eine notwendige Treppe oder eine flache Rampe führen. Der erste Rettungsweg für einen Aufenthaltsraum darf nicht über einen Raum mit erhöhter Brandgefahr führen.

(5) Der zweite Rettungsweg kann eine weitere notwendige Treppe oder eine mit Rettungsgeräten der Feuerwehr erreichbare Stelle der Nutzungseinheit sein. Ein zweiter Rettungsweg ist nicht erforderlich, wenn die Rettung über einen sicher erreichbaren

Treppenraum möglich ist, in den Feuer und Rauch nicht eindringen können (Sicherheitstreppenraum).

(6) Zur Durchführung wirksamer Lösch- und Rettungsarbeiten durch die Feuerwehr müssen geeignete und von öffentlichen Verkehrsflächen erreichbare Aufstell- und Bewegungsflächen für die erforderlichen Rettungsgeräte vorhanden sein.

(7) Aufenthaltsräume, in denen bestimmungsgemäß Personen schlafen, sowie Rettungswege von solchen Aufenthaltsräumen in derselben Nutzungseinheit sind jeweils mit mindestens einem Rauchwarnmelder auszustatten. Die Rauchwarnmelder müssen so eingebaut oder angebracht werden, dass Brandrauch frühzeitig erkannt und gemeldet wird. Eigentümerinnen und Eigentümer bereits bestehender Nutzungseinheiten sind verpflichtet, diese bis zum 31. Dezember 2014 entsprechend auszustatten. Die Sicherstellung der Betriebsbereitschaft obliegt den unmittelbaren Besitzern, es sei denn, der Eigentümer übernimmt die Verpflichtung selbst.

(8) Gebäude zur Haltung von Tieren müssen über angemessene Einrichtungen zur Rettung der Tiere im Brandfall verfügen.

§ 16
Verkehrssicherheit

(1) Bauliche Anlagen sowie die dem Verkehr dienenden, nichtüberbauten Flächen von bebauten Grundstücken müssen verkehrssicher sein.

(2) Die Sicherheit und Leichtigkeit des öffentlichen Verkehrs darf durch bauliche Anlagen oder deren Nutzung nicht gefährdet werden.

(3) Umwehrungen müssen so beschaffen und angeordnet sein, dass sie Abstürze verhindern und das Überklettern erschweren.

§ 16a
Bauarten

(1) Bauarten dürfen nur angewendet werden, wenn bei ihrer Anwendung die baulichen Anlagen bei ordnungsgemäßer Instandhaltung während einer dem Zweck

entsprechenden angemessenen Zeitdauer die Anforderungen dieses Gesetzes oder auf Grund dieses Gesetzes erfüllen und für ihren Anwendungszweck tauglich sind.

(2) Bauarten, die von Technischen Baubestimmungen nach § 73a Absatz 2 Nummer 2 oder 3 Buchstabe a wesentlich abweichen oder für die es allgemein anerkannte Regeln der Technik nicht gibt, dürfen bei der Errichtung, Änderung und Instandhaltung baulicher Anlagen nur angewendet werden, wenn für sie

1. eine allgemeine Bauartgenehmigung durch das Deutsche Institut für Bautechnik oder

2. eine vorhabenbezogene Bauartgenehmigung durch die oberste Baurechtsbehörde

erteilt worden ist. § 18 Absatz 2 bis 5 gilt entsprechend.

(3) Anstelle einer allgemeinen Bauartgenehmigung genügt ein allgemeines bauaufsichtliches Prüfzeugnis für Bauarten, wenn die Bauart nach allgemein anerkannten Prüfverfahren beurteilt werden kann. In den Technischen Baubestimmungen nach § 73a werden diese Bauarten mit der Angabe der maßgebenden technischen Regeln bekannt gemacht. § 19 Absatz 2 gilt entsprechend.

(4) Wenn Gefahren im Sinne des § 3 Absatz 1 Satz 1 nicht zu erwarten sind, kann die oberste Baurechtsbehörde im Einzelfall oder für genau begrenzte Fälle allgemein festlegen, dass eine Bauartgenehmigung nicht erforderlich ist.

(5) Bauarten bedürfen einer Bestätigung ihrer Übereinstimmung mit den Technischen Baubestimmungen nach § 73a Absatz 2, den allgemeinen Bauartgenehmigungen, den allgemeinen bauaufsichtlichen Prüfzeugnissen für Bauarten oder den vorhabenbezogenen Bauartgenehmigungen. Als Übereinstimmung gilt auch eine Abweichung, die nicht wesentlich ist. § 21 Absatz 2 gilt für den Anwender der Bauart entsprechend.

(6) Bei Bauarten, deren Anwendung in außergewöhnlichem Maß von der Sachkunde und Erfahrung der damit betrauten Personen oder von einer Ausstattung mit besonderen Vorrichtungen abhängt, kann in der Bauartgenehmigung oder durch Rechtsverordnung der obersten Baurechtsbehörde vorgeschrieben werden, dass der Anwender über solche Fachkräfte und Vorrichtungen verfügt und den Nachweis hierüber gegenüber einer Prüfstelle nach § 24 Satz 1 Nummer 6 zu erbringen hat. In der Rechtsverordnung können Mindestanforderungen an die Ausbildung, die durch Prüfung nachzuweisende Befähigung und die Ausbildungsstätten einschließlich der Anerkennungsvoraussetzungen gestellt werden.

(7) Für Bauarten, die einer außergewöhnlichen Sorgfalt bei Ausführung oder Instandhaltung bedürfen, kann in der Bauartgenehmigung oder durch Rechtsverordnung der obersten Baurechtsbehörde die Überwachung dieser Tätigkeiten durch eine Überwachungsstelle nach § 24 Satz 1 Nummer 5 vorgeschrieben werden.

VIERTER TEIL
Bauprodukte

§ 16b
Allgemeine Anforderungen für die

Verwendung von Bauprodukten

(1) Bauprodukte dürfen nur verwendet werden, wenn bei ihrer Verwendung die baulichen Anlagen bei ordnungsgemäßer Instandhaltung während einer dem Zweck entsprechenden angemessenen Zeitdauer die Anforderungen dieses Gesetzes oder auf Grund dieses Gesetzes erfüllen und gebrauchstauglich sind.

(2) Bauprodukte, die den in Vorschriften eines anderen Mitgliedstaats der Europäischen Union, eines anderen Vertragsstaats des Abkommens über den Europäischen Wirtschaftsraum oder der Schweiz oder der Türkei genannten technischen Anforderungen entsprechen, dürfen verwendet werden, wenn das geforderte Schutzniveau gemäß § 3 Absatz 1 Satz 1 gleichermaßen dauerhaft erreicht wird.

§ 16c
Anforderungen für die Verwendung von

CE-gekennzeichneten Bauprodukten

Ein Bauprodukt, das die CE-Kennzeichnung trägt, darf verwendet werden, wenn die erklärten Leistungen den in diesem Gesetz oder auf Grund dieses Gesetzes festgelegten Anforderungen für diese Verwendung entsprechen. Die §§ 17 bis 25 Absatz 1 gelten nicht für Bauprodukte, die die CE-Kennzeichnung auf Grund der Verordnung (EU) Nr. 305/2011 tragen.

§ 17
Verwendbarkeitsnachweise

(1) Ein Verwendbarkeitsnachweis (§§ 18 bis 20) ist für ein Bauprodukt erforderlich, wenn

1. es keine Technische Baubestimmung und keine allgemein anerkannte Regel der Technik gibt,

2. das Bauprodukt von einer Technischen Baubestimmung nach § 73a Absatz 2 Nummer 3 wesentlich abweicht oder

3. eine Verordnung nach § 73 Absatz 7a es vorsieht.

(2) Ein Verwendbarkeitsnachweis ist nicht erforderlich für ein Bauprodukt, das

1. von einer allgemein anerkannten Regel der Technik abweicht oder

2. für die Erfüllung der Anforderungen dieses Gesetzes oder auf Grund dieses Gesetzes nur eine untergeordnete Bedeutung hat.

(3) Die Technischen Baubestimmungen nach § 73a enthalten eine nicht abschließende Liste von Bauprodukten, die keines Verwendbarkeitsnachweises nach Absatz 1 bedürfen.

§ 18
Allgemeine bauaufsichtliche Zulassung

(1) Das Deutsche Institut für Bautechnik erteilt unter den Voraussetzungen des § 17 Absatz 1 eine allgemeine bauaufsichtliche Zulassung für Bauprodukte, wenn deren Verwendbarkeit im Sinne des § 16b Absatz 1 nachgewiesen ist.

(2) Die zur Begründung des Antrags erforderlichen Unterlagen sind beizufügen. Soweit erforderlich, sind Probestücke vom Antragsteller zur Verfügung zu stellen oder durch Sachverständige, die das Deutsche Institut für Bautechnik bestimmen kann, zu entnehmen oder Probeausführungen unter Aufsicht der Sachverständigen herzustellen. Der Antrag kann zurückgewiesen werden, wenn die Unterlagen unvollständig sind oder erhebliche Mängel aufweisen.

(3) Das Deutsche Institut für Bautechnik kann für die Durchführung der Prüfung die sachverständige Stelle und für Probeausführungen die Ausführungsstelle und Ausführungszeit vorschreiben.

(4) Die allgemeine bauaufsichtliche Zulassung wird widerruflich und für eine bestimmte Frist erteilt, die in der Regel fünf Jahre beträgt. Die Zulassung kann mit

Nebenbestimmungen erteilt werden. Sie kann auf schriftlichen Antrag in der Regel um fünf Jahre verlängert werden; § 62 Abs. 2 Satz 2 gilt entsprechend.

(5) Die Zulassung wird unbeschadet der Rechte Dritter erteilt. Das Deutsche Institut für Bautechnik macht die von ihm erteilten allgemeinen bauaufsichtlichen Zulassungen nach Gegenstand und wesentlichem Inhalt öffentlich bekannt. Allgemeine bauaufsichtliche Zulassungen nach dem Recht anderer Bundesländer gelten auch im Land Baden-Württemberg.

§ 19
Allgemeines bauaufsichtliches Prüfzeugnis

(1) Bauprodukte, die nach allgemein anerkannten Prüfverfahren beurteilt werden, bedürfen anstelle einer allgemeinen bauaufsichtlichen Zulassung nur eines allgemeinen bauaufsichtlichen Prüfzeugnisses. Dies wird mit der Angabe der maßgebenden technischen Regeln in den Technischen Baubestimmungen nach § 73a bekanntgemacht.

(2) Ein allgemeines bauaufsichtliches Prüfzeugnis wird von einer Prüfstelle nach § 24 Satz 1 Nummer 1 für Bauprodukte nach Absatz 1 erteilt, wenn deren Verwendbarkeit im Sinne des § 16b Absatz 1 nachgewiesen ist. § 18 Absatz 2, 4 und 5 gilt entsprechend. Die Anerkennungsbehörde für Stellen nach § 24 Satz 1 Nummer 1 sowie § 73 Absatz 6 Satz 1 Nummer 2 und Satz 2 kann allgemeine bauaufsichtliche Prüfzeugnisse zurücknehmen oder widerrufen; §§ 48 und 49 des Landesverwaltungsverfahrensgesetzes finden Anwendung.

§ 20
Nachweis der Verwendbarkeit von Bauprodukten im Einzelfall

Mit Zustimmung der obersten Baurechtsbehörde dürfen unter den Voraussetzungen des § 17 Absatz 1 im Einzelfall Bauprodukte verwendet werden, wenn ihre Verwendbarkeit im Sinne des § 16b Absatz 1 nachgewiesen ist. Die Zustimmung kann auch für mehrere vergleichbare Fälle erteilt werden. Wenn Gefahren im Sinne des § 3 Absatz 1 Satz 1 nicht zu erwarten sind, kann die oberste Baurechtsbehörde im Einzelfall oder allgemein erklären, dass ihre Zustimmung nicht erforderlich ist.

§ 21
Übereinstimmungsbestätigung

(1) Bauprodukte bedürfen einer Bestätigung ihrer Übereinstimmung mit den Technischen Baubestimmungen nach § 73a Absatz 2, den allgemeinen bauaufsichtlichen Zulassungen, den allgemeinen bauaufsichtlichen Prüfzeugnissen oder den Zustimmungen im Einzelfall; als Übereinstimmung gilt auch eine Abweichung, die nicht wesentlich ist.

(2) Die Bestätigung der Übereinstimmung erfolgt durch Übereinstimmungserklärung des Herstellers (§ 22).

(3) Die Übereinstimmungserklärung hat der Hersteller durch Kennzeichnung der Bauprodukte mit dem Übereinstimmungszeichen (Ü-Zeichen) unter Hinweis auf den Verwendungszweck abzugeben.

(4) Das Ü-Zeichen ist auf dem Bauprodukt, auf einem Beipackzettel oder auf seiner Verpackung oder, wenn dies Schwierigkeiten bereitet, auf dem Lieferschein oder auf einer Anlage zum Lieferschein anzubringen.

(5) Ü-Zeichen aus anderen Bundesländern und aus anderen Staaten gelten auch im Land Baden-Württemberg.

§ 22
Übereinstimmungserklärung des Herstellers

(1) Der Hersteller darf eine Übereinstimmungserklärung nur abgeben, wenn er durch werkseigene Produktionskontrolle sichergestellt hat, dass das von ihm hergestellte Bauprodukt den maßgebenden technischen Regeln, der allgemeinen bauaufsichtlichen Zulassung, dem allgemeinen bauaufsichtlichen Prüfzeugnis oder der Zustimmung im Einzelfall entspricht.

(2) In den Technischen Baubestimmungen nach § 73a, in den allgemeinen bauaufsichtlichen Zulassungen, in den allgemeinen bauaufsichtlichen Prüfzeugnissen oder in den Zustimmungen im Einzelfall kann eine Prüfung der Bauprodukte durch eine Prüfstelle vor Abgabe der Übereinstimmungserklärung vorgeschrieben werden, wenn dies zur Sicherung einer ordnungsgemäßen Herstellung erforderlich ist. In diesen Fällen hat die Prüfstelle das Bauprodukt daraufhin zu überprüfen, ob es den maßgebenden

technischen Regeln, der allgemeinen bauaufsichtlichen Zulassung, dem allgemeinen bauaufsichtlichen Prüfzeugnis oder der Zustimmung im Einzelfall entspricht.

(3) In den Technischen Baubestimmungen nach § 73a, in den allgemeinen bauaufsichtlichen Zulassungen oder in den Zustimmungen im Einzelfall kann eine Zertifizierung vor Abgabe der Übereinstimmungserklärung vorgeschrieben werden, wenn dies zum Nachweis einer ordnungsgemäßen Herstellung eines Bauproduktes erforderlich ist. Die oberste Baurechtsbehörde kann im Einzelfall die Verwendung von Bauprodukten ohne Zertifizierung gestatten, wenn nachgewiesen ist, dass diese Bauprodukte den technischen Regeln, Zulassungen, Prüfzeugnissen oder Zustimmungen nach Absatz 1 entsprechen.

(4) Bauprodukte, die nicht in Serie hergestellt werden, bedürfen nur einer Übereinstimmungserklärung nach Absatz 1, sofern nichts anderes bestimmt ist.

§ 23
Zertifizierung

(1) Dem Hersteller ist ein Übereinstimmungszertifikat von einer Zertifizierungsstelle nach § 24 Satz 1 Nummer 3 zu erteilen, wenn das Bauprodukt

1. den Technischen Baubestimmungen nach § 73a Absatz 2, der allgemeinen bauaufsichtlichen Zulassung, dem allgemeinen bauaufsichtlichen Prüfzeugnis oder der Zustimmung im Einzelfall entspricht und

2. einer werkseigenen Produktionskontrolle sowie einer Fremdüberwachung nach Maßgabe des Absatzes 2 unterliegt.

(2) Die Fremdüberwachung ist von Überwachungsstellen nach § 24 Satz 1 Nummer 4 durchzuführen. Die Fremdüberwachung hat regelmäßig zu überprüfen, ob das Bauprodukt den Technischen Baubestimmungen nach § 73a Absatz 2, der allgemeinen bauaufsichtlichen Zulassung, dem allgemeinen bauaufsichtlichen Prüfzeugnis oder der Zustimmung im Einzelfall entspricht.

§ 24
Prüf-, Zertifizierungs- und Überwachungsstellen

Die oberste Baurechtsbehörde kann eine natürliche oder juristische Person als

1. Prüfstelle für die Erteilung allgemeiner bauaufsichtlicher Prüfzeugnisse (§ 19 Absatz 2),

2. Prüfstelle für die Überprüfung von Bauprodukten vor Abgabe der Übereinstimmungserklärung (§ 22 Absatz 2),

3. Zertifizierungsstelle (§ 23 Absatz 1),

4. Überwachungsstelle für die Fremdüberwachung (§ 23 Absatz 2),

5. Überwachungsstelle für die Überwachung nach § 16a Absatz 7 und § 25 Absatz 2 oder

6. Prüfstelle für die Überprüfung nach § 16a Absatz 6 und § 25 Absatz 1

anerkennen, wenn sie oder die bei ihr Beschäftigten nach ihrer Ausbildung, Fachkenntnis, persönlichen Zuverlässigkeit, ihrer Unparteilichkeit und ihren Leistungen die Gewähr dafür bieten, dass diese Aufgaben den öffentlich-rechtlichen Vorschriften entsprechend wahrgenommen werden, und wenn sie über die erforderlichen Vorrichtungen verfügen. Satz 1 ist entsprechend auf Behörden anzuwenden, wenn sie ausreichend mit geeigneten Fachkräften besetzt und mit den erforderlichen Vorrichtungen ausgestattet sind. Die Anerkennung von Prüf-, Zertifizierungs- und Überwachungsstellen anderer Bundesländer gilt auch im Land Baden-Württemberg.

§ 25
Besondere Sachkunde- und Sorgfaltsanforderungen

(1) Bei Bauprodukten, deren Herstellung in außergewöhnlichem Maß von der Sachkunde und Erfahrung der damit betrauten Personen oder von einer Ausstattung mit besonderen Vorrichtungen abhängt, kann in der allgemeinen bauaufsichtlichen Zulassung, in der Zustimmung im Einzelfall oder durch Rechtsverordnung der obersten Baurechtsbehörde bestimmt werden, dass der Hersteller über solche Fachkräfte und Vorrichtungen verfügt und den Nachweis hierüber gegenüber einer Prüfstelle nach § 24 Satz 1 Nummer 6 zu erbringen hat. In der Rechtsverordnung können Mindestanforderungen an die Ausbildung, die durch Prüfung nachzuweisende Befähigung und die Ausbildungsstätten einschließlich der Anerkennungsvoraussetzungen gestellt werden.

(2) Für Bauprodukte, die wegen ihrer besonderen Eigenschaften oder ihres besonderen Verwendungszwecks einer außergewöhnlichen Sorgfalt bei Einbau, Transport,

Instandhaltung oder Reinigung bedürfen, kann in der allgemeinen bauaufsichtlichen Zulassung, in der Zustimmung im Einzelfall oder durch Rechtsverordnung der obersten Baurechtsbehörde die Überwachung dieser Tätigkeiten durch eine Überwachungsstelle nach § 24 Satz 1 Nummer 5 vorgeschrieben werden, soweit diese Tätigkeiten nicht bereits durch die Verordnung (EU) Nr. 305/2011 erfasst sind.

FÜNFTER TEIL
Der Bau und seine Teile

§ 26
Allgemeine Anforderungen an das Brandverhalten von Baustoffen und Bauteilen

(1) Baustoffe werden nach den Anforderungen an ihr Brandverhalten unterschieden in

1. nichtbrennbare,

2. schwerentflammbare,

3. normalentflammbare.

Baustoffe, die nicht mindestens normalentflammbar sind (leichtentflammbare Baustoffe), dürfen nicht verwendet werden; dies gilt nicht, wenn sie in Verbindung mit anderen Baustoffen nicht leichtentflammbar sind.

(2) Bauteile werden nach den Anforderungen an ihre Feuerwiderstandsfähigkeit unterschieden in

1. feuerbeständige,

2. hochfeuerhemmende,

3. feuerhemmende;

die Feuerwiderstandsfähigkeit bezieht sich bei tragenden und aussteifenden Bauteilen auf deren Standsicherheit im Brandfall, bei raumabschließenden Bauteilen auf deren Widerstand gegen die Brandausbreitung. Bauteile werden zusätzlich nach dem Brandverhalten ihrer Baustoffe unterschieden in

1. Bauteile aus nichtbrennbaren Baustoffen,

2. Bauteile, deren tragende und aussteifende Teile aus nichtbrennbaren Baustoffen bestehen und die bei raumabschließenden Bauteilen zusätzlich eine in Bauteilebene durchgehende Schicht aus nichtbrennbaren Baustoffen haben,

3. Bauteile, deren tragende und aussteifende Teile aus brennbaren Baustoffen bestehen und die allseitig eine brandschutztechnisch wirksame Bekleidung aus nichtbrennbaren Baustoffen (Brandschutzbekleidung) und Dämmstoffe aus nichtbrennbaren Baustoffen haben,

4. Bauteile aus brennbaren Baustoffen.

Soweit in diesem Gesetz oder in Vorschriften auf Grund dieses Gesetzes nichts anderes bestimmt ist, müssen

1. Bauteile, die feuerbeständig sein müssen, mindestens den Anforderungen des Satzes 2 Nr. 2,

2. Bauteile, die hochfeuerhemmend sein müssen, mindestens den Anforderungen des Satzes 2 Nr. 3

entsprechen.

(3) Abweichend von Absatz 2 Satz 3 sind tragende oder aussteifende sowie raumabschließende Bauteile, die hochfeuerhemmend oder feuerbeständig sein müssen, aus brennbaren Baustoffen zulässig, wenn die hinsichtlich der Standsicherheit und des Raumabschlusses geforderte Feuerwiderstandsfähigkeit nachgewiesen und die Bauteile und ihre Anschlüsse ausreichend lang widerstandsfähig gegen die Brandausbreitung sind.

§ 27
Anforderungen an tragende, aussteifende und raumabschließende Bauteile

(1) Tragende und aussteifende Wände und Stützen müssen im Brandfall ausreichend lang standsicher sein.

(2) Außenwände und Außenwandteile wie Brüstungen und Schürzen sind so auszubilden, dass eine Brandausbreitung auf und in diesen Bauteilen ausreichend lang begrenzt ist.

(3) Trennwände müssen als raumabschließende Bauteile von Räumen oder Nutzungseinheiten innerhalb von Geschossen ausreichend lang widerstandsfähig gegen die Brandausbreitung sein.

(4) Brandwände müssen als raumabschließende Bauteile zum Abschluss von Gebäuden (Gebäudeabschlusswand) oder zur Unterteilung von Gebäuden in Brandabschnitte (innere Brandwand) ausreichend lang die Brandausbreitung auf andere Gebäude oder Brandabschnitte verhindern.

(5) Decken und ihre Anschlüsse müssen als tragende und raumabschließende Bauteile zwischen Geschossen im Brandfall ausreichend lang standsicher und widerstandsfähig gegen die Brandausbreitung sein.

(6) Bedachungen müssen gegen eine Brandbeanspruchung von außen durch Flugfeuer und strahlende Wärme ausreichend lang widerstandsfähig sein (harte Bedachung).

§ 28
Anforderungen an Bauteile in Rettungswegen

(1) Jedes nicht zu ebener Erde liegende Geschoss und der benutzbare Dachraum eines Gebäudes müssen über mindestens eine Treppe zugänglich sein (notwendige Treppe). Statt notwendiger Treppen sind Rampen mit flacher Neigung zulässig. Die nutzbare Breite der Treppenläufe und Treppenabsätze notwendiger Treppen muss für den größten zu erwartenden Verkehr ausreichen.

(2) Jede notwendige Treppe muss zur Sicherstellung der Rettungswege aus den Geschossen ins Freie in einem eigenen, durchgehenden Treppenraum liegen (notwendiger Treppenraum). Der Ausgang muss mindestens so breit sein wie die zugehörigen notwendigen Treppen. Notwendige Treppenräume müssen so angeordnet und ausgebildet sein, dass die Nutzung der notwendigen Treppen im Brandfall ausreichend lang möglich ist. Notwendige Treppen sind ohne eigenen Treppenraum zulässig

1. in Gebäuden der Gebäudeklassen 1 und 2,

2. für die Verbindung von höchstens zwei Geschossen innerhalb derselben Nutzungseinheit von insgesamt nicht mehr als 200 m², wenn in jedem Geschoss ein anderer Rettungsweg erreicht werden kann,

3. als Außentreppe, wenn ihre Nutzung ausreichend sicher ist und im Brandfall nicht gefährdet werden kann.

(3) Flure, über die Rettungswege aus Aufenthaltsräumen oder aus Nutzungseinheiten mit Aufenthaltsräumen zu Ausgängen in notwendige Treppenräume oder ins Freie führen (notwendige Flure), müssen so angeordnet und ausgebildet sein, dass die Nutzung im Brandfall ausreichend lang möglich ist.

(4) Türen und Fenster, die bei einem Brand der Rettung von Menschen dienen oder der Ausbreitung von Feuer und Rauch entgegenwirken, müssen so beschaffen und angeordnet sein, dass sie den Erfordernissen des Brandschutzes genügen.

§ 29
Aufzugsanlagen

(1) Aufzugsanlagen müssen betriebssicher und brandsicher sein. Sie sind so zu errichten und anzuordnen, dass die Brandweiterleitung ausreichend lange verhindert wird und bei ihrer Benutzung Gefahren oder unzumutbare Belästigungen nicht entstehen.

(2) Gebäude mit einer Höhe nach § 2 Abs. 4 Satz 2 von mehr als 13 m müssen Aufzüge in ausreichender Zahl haben, von denen einer auch zur Aufnahme von Rollstühlen, Krankentragen und Lasten geeignet sein muss. Zur Aufnahme von Rollstühlen bestimmte Aufzüge müssen von Menschen mit Behinderung ohne fremde Hilfe zweckentsprechend genutzt werden können.

§ 30
Lüftungsanlagen

Lüftungsanlagen, raumlufttechnische Anlagen und Warmluftheizungen müssen betriebssicher und brandsicher sein; sie dürfen den ordnungsgemäßen Betrieb von Feuerungsanlagen nicht beeinträchtigen.

§ 31
Leitungsanlagen

Leitungen, Installationsschächte und -kanäle müssen brandsicher sein. Sie sind so zu errichten und anzuordnen, dass die Brandweiterleitung ausreichend lange verhindert wird.

§ 32
Feuerungsanlagen, sonstige Anlagen zur Wärmeerzeugung, Brennstoffversorgung

(1) Feuerstätten und Abgasanlagen (Feuerungsanlagen) müssen betriebssicher und brandsicher sein.

(2) Feuerstätten dürfen in Räumen nur aufgestellt werden, wenn nach der Art der Feuerstätte und nach Lage, Größe, baulicher Beschaffenheit und Nutzung der Räume Gefahren nicht entstehen.

(3) Abgase von Feuerstätten sind durch Abgasleitungen, Schornsteine und Verbindungsstücke (Abgasanlagen) so abzuführen, dass keine Gefahren oder unzumutbaren Belästigungen entstehen. Abgasanlagen sind in solcher Zahl und Lage und so herzustellen, dass die Feuerstätten des Gebäudes ordnungsgemäß angeschlossen werden können. Sie müssen leicht gereinigt werden können.

(4) Behälter und Rohrleitungen für brennbare Gase und Flüssigkeiten müssen betriebssicher und brandsicher sein. Diese Behälter sowie feste Brennstoffe sind so aufzustellen oder zu lagern, dass keine Gefahren oder unzumutbaren Belästigungen entstehen.

(5) Für die Aufstellung von ortsfesten Verbrennungsmotoren, Blockheizkraftwerken, Brennstoffzellen und Verdichtern sowie die Ableitung ihrer Verbrennungsgase gelten die Absätze 1 bis 3 entsprechend.

§ 33
Wasserversorgungs- und Wasserentsorgungsanlagen, Anlagen für Abfallstoffe und Reststoffe

(1) Bauliche Anlagen dürfen nur errichtet werden, wenn die einwandfreie Beseitigung des Abwassers und des Niederschlagswassers dauernd gesichert ist. Das Abwasser ist entsprechend den §§ 55 und 56 des Wasserhaushaltsgesetzes und § 46 des Wassergesetzes für Baden-Württemberg zu entsorgen.

(2) Wasserversorgungsanlagen, Anlagen zur Beseitigung des Abwassers und des Niederschlagswassers sowie Anlagen zur vorübergehenden Aufbewahrung von Abfällen und Reststoffen müssen betriebssicher sein. Sie sind so herzustellen und anzuordnen, dass Gefahren sowie erhebliche Nachteile oder Belästigungen, insbesondere durch Geruch oder Geräusch, nicht entstehen.

SECHSTER TEIL
Einzelne Räume, Wohnungen und besondere Anlagen

§ 34
Aufenthaltsräume

(1) Die lichte Höhe von Aufenthaltsräumen muss mindestens betragen:

1. 2,2 m über mindestens der Hälfte ihrer Grundfläche, wenn die Aufenthaltsräume ganz oder überwiegend im Dachraum liegen; dabei bleiben Raumteile mit einer lichten Höhe bis 1,5 m außer Betracht,

2. 2,3 m in allen anderen Fällen.

(2) Aufenthaltsräume müssen ausreichend belüftet werden können; sie müssen unmittelbar ins Freie führende Fenster von solcher Zahl, Lage, Größe und Beschaffenheit haben, dass die Räume ausreichend mit Tageslicht beleuchtet werden können (notwendige Fenster). Das Rohbaumaß der Fensteröffnungen muss mindestens ein Zehntel der Grundfläche des Raumes betragen; Raumteile mit einer lichten Höhe bis 1,5 m bleiben außer Betracht. Ein geringeres Rohbaumaß ist bei geneigten Fenstern sowie bei Oberlichtern zulässig, wenn die ausreichende Beleuchtung mit Tageslicht gewährleistet bleibt.

(3) Aufenthaltsräume, deren Fußboden unter der Geländeoberfläche liegt, sind zulässig, wenn das Gelände mit einer Neigung von höchstens 45° an die Außenwände vor notwendigen Fenstern anschließt. Die Oberkante der Brüstung notwendiger Fenster muss mindestens 1,3 m unter der Decke liegen.

(4) Verglaste Vorbauten und Loggien sind vor notwendigen Fenstern zulässig, wenn eine ausreichende Beleuchtung mit Tageslicht gewährleistet bleibt.

(5) Bei Aufenthaltsräumen, die nicht dem Wohnen dienen, sind Abweichungen von den Anforderungen der Absätze 2 und 3 zuzulassen, wenn Nachteile nicht zu befürchten sind oder durch besondere Einrichtungen ausgeglichen werden können.

§ 35
Wohnungen

(1) In Gebäuden mit mehr als zwei Wohnungen müssen die Wohnungen eines Geschosses barrierefrei erreichbar sein; diese Verpflichtung kann auch durch barrierefrei erreichbare Wohnungen in mehreren Geschossen erfüllt werden, wenn die gesamte Grundfläche dieser Wohnungen die Grundfläche der Nutzungseinheiten des Erdgeschosses nicht unterschreitet. In diesen Wohnungen müssen die Wohn- und Schlafräume, eine Toilette, ein Bad und die Küche oder Kochnische barrierefrei nutzbar und mit dem Rollstuhl zugänglich sein. Die Sätze 1 und 2 gelten nicht, soweit die Anforderungen insbesondere wegen schwieriger Geländeverhältnisse, wegen des Einbaus eines sonst nicht erforderlichen Aufzugs oder wegen ungünstiger vorhandener Bebauung nur mit unverhältnismäßigem Mehraufwand erfüllt werden können. Die Sätze 1 bis 3 gelten nicht bei der Teilung von Wohnungen sowie bei Vorhaben zur Schaffung von zusätzlichem Wohnraum durch Ausbau, Anbau, Nutzungsänderung, Aufstockung oder Änderung des Daches, wenn die Baugenehmigung oder Kenntnisgabe für das Gebäude mindestens fünf Jahre zurückliegen.

(2) Jede Wohnung muss eine Küche oder Kochnische haben. Fensterlose Küchen oder Kochnischen sind zulässig, wenn sie für sich lüftbar sind.

(3) Jede Wohnung muss einen eigenen Wasserzähler haben. Dies gilt nicht bei Nutzungsänderungen, wenn die Anforderung nach Satz 1 nur mit unverhältnismäßigem Aufwand erfüllt werden kann.

(4) In Gebäuden mit mehr als zwei Wohnungen müssen zur gemeinschaftlichen Benutzung möglichst ebenerdig zugängliche oder durch Rampen oder Aufzüge leicht erreichbare Flächen zum Abstellen von Kinderwagen und Gehhilfen zur Verfügung stehen.

(5) Für jede Wohnung muss ein Abstellraum zur Verfügung stehen.

§ 36
Toilettenräume und Bäder

(1) Jede Nutzungseinheit muss mindestens eine Toilette haben.

(2) Toilettenräume und Bäder müssen eine ausreichende Lüftung haben.

§ 37
Stellplätze für Kraftfahrzeuge und Fahrräder, Garagen

(1) Bei der Errichtung von Gebäuden mit Wohnungen ist für jede Wohnung ein geeigneter Stellplatz für Kraftfahrzeuge herzustellen (notwendiger Kfz-Stellplatz). Bei der Errichtung sonstiger baulicher Anlagen und anderer Anlagen, bei denen ein Zu- und Abfahrtsverkehr zu erwarten ist, sind notwendige Kfz-Stellplätze in solcher Zahl herzustellen, dass sie für die ordnungsgemäße Nutzung der Anlagen unter Berücksichtigung des öffentlichen Personennahverkehrs ausreichen. Statt notwendiger Kfz-Stellplätze ist die Herstellung notwendiger Garagen zulässig; nach Maßgabe des Absatzes 8 können Garagen auch verlangt werden. Bis zu einem Viertel der notwendigen Kfz-Stellplätze nach Satz 2 kann durch die Schaffung von Fahrradstellplätzen ersetzt werden. Dabei sind für einen Kfz-Stellplatz vier Fahrradstellplätze herzustellen; eine Anrechnung der so geschaffenen Fahrradstellplätze auf die Verpflichtung nach Absatz 2 erfolgt nicht.

(2) Bei der Errichtung baulicher Anlagen, bei denen ein Zu- und Abfahrtsverkehr mit Fahrrädern zu erwarten ist, sind Fahrradstellplätze herzustellen. Ihre Zahl und Beschaffenheit richtet sich nach dem nach Art, Größe und Lage der Anlage regelmäßig zu erwartenden Bedarf (notwendige Fahrradstellplätze). Notwendige Fahrradstellplätze müssen von der öffentlichen Verkehrsfläche leicht erreichbar und gut zugänglich sein und eine wirksame Diebstahlsicherung ermöglichen; soweit sie für Wohnungen herzustellen sind müssen sie außerdem wettergeschützt sein.

(3) Bei Änderungen oder Nutzungsänderungen von Anlagen sind Stellplätze oder Garagen in solcher Zahl herzustellen, dass die infolge der Änderung zusätzlich zu erwartenden Kraftfahrzeuge und Fahrräder aufgenommen werden können. Satz 1 gilt nicht bei der Teilung von Wohnungen sowie bei Vorhaben zur Schaffung von zusätzlichem Wohnraum durch Ausbau, Anbau, Nutzungsänderung, Aufstockung oder Änderung des Daches, wenn die Baugenehmigung oder Kenntnisgabe für das Gebäude mindestens fünf Jahre zurückliegen.

(4) Die Baurechtsbehörde kann zulassen, dass notwendige Stellplätze oder Garagen erst innerhalb eines angemessenen Zeitraums nach Fertigstellung der Anlage hergestellt

werden. Sie hat die Herstellung auszusetzen, solange und soweit nachweislich ein Bedarf an Stellplätzen oder Garagen nicht besteht und die für die Herstellung erforderlichen Flächen für diesen Zweck durch Baulast gesichert sind.

(5) Die notwendigen Stellplätze oder Garagen sind herzustellen

1. auf dem Baugrundstück,

2. auf einem anderen Grundstück in zumutbarer Entfernung oder

3. mit Zustimmung der Gemeinde auf einem Grundstück in der Gemeinde.

Die Herstellung auf einem anderen als dem Baugrundstück muss für diesen Zweck durch Baulast gesichert sein. Die Baurechtsbehörde kann, wenn Gründe des Verkehrs dies erfordern, mit Zustimmung der Gemeinde bestimmen, ob die Stellplätze oder Garagen auf dem Baugrundstück oder auf einem anderen Grundstück herzustellen sind.

(6) Lassen sich notwendige Kfz-Stellplätze oder Garagen nach Absatz 5 nicht oder nur unter großen Schwierigkeiten herstellen, so kann die Baurechtsbehörde mit Zustimmung der Gemeinde zur Erfüllung der Stellplatzverpflichtung zulassen, dass der Bauherr einen Geldbetrag an die Gemeinde zahlt. Der Geldbetrag muss von der Gemeinde innerhalb eines angemessenen Zeitraums verwendet werden für

1. die Herstellung öffentlicher Parkeinrichtungen, insbesondere an Haltestellen des öffentlichen Personennahverkehrs, oder privater Stellplätze zur Entlastung der öffentlichen Verkehrsflächen,

2. die Modernisierung und Instandhaltung öffentlicher Parkeinrichtungen, einschließlich der Herstellung von Ladestationen für Elektrofahrzeuge,

3. die Herstellung von Parkeinrichtungen für die gemeinschaftliche Nutzung von Kraftfahrzeugen oder

4. bauliche Anlagen, andere Anlagen oder Einrichtungen, die den Bedarf an Parkeinrichtungen verringern, wie Einrichtungen des öffentlichen Personennahverkehrs oder für den Fahrradverkehr.

Die Gemeinde legt die Höhe des Geldbetrages fest.

(7) Absatz 6 gilt nicht für notwendige Kfz-Stellplätze oder Garagen von Wohnungen. Eine Abweichung von der Verpflichtung nach Absatz 1 Satz 1 ist zuzulassen, soweit die Herstellung

1. bei Ausschöpfung aller Möglichkeiten, auch unter Berücksichtigung platzsparender Bauarten der Kfz-Stellplätze oder Garagen, unmöglich oder unzumutbar ist oder

2. auf dem Baugrundstück aufgrund öffentlich-rechtlicher Vorschriften ausgeschlossen ist.

(8) Kfz-Stellplätze und Garagen müssen so angeordnet und hergestellt werden, dass die Anlage von Kinderspielplätzen nach § 9 Abs. 2 nicht gehindert wird. Die Nutzung der Kfz-Stellplätze und Garagen darf die Gesundheit nicht schädigen; sie darf auch das Spielen auf Kinderspielplätzen, das Wohnen und das Arbeiten, die Ruhe und die Erholung in der Umgebung durch Lärm, Abgase oder Gerüche nicht erheblich stören.

(9) Das Abstellen von Wohnwagen und anderen Kraftfahrzeuganhängern in Garagen ist zulässig.

§ 38
Sonderbauten

(1) An Sonderbauten können zur Verwirklichung der allgemeinen Anforderungen nach § 3 Abs. 1 besondere Anforderungen im Einzelfall gestellt werden; Erleichterungen können zugelassen werden, soweit es der Einhaltung von Vorschriften wegen der besonderen Art oder Nutzung baulicher Anlagen oder Räume oder wegen besonderer Anforderungen nicht bedarf. Die besonderen Anforderungen und Erleichterungen können insbesondere betreffen

1. die Abstände von Nachbargrenzen, von anderen baulichen Anlagen auf dem Grundstück, von öffentlichen Verkehrsflächen und von oberirdischen Gewässern,

2. die Anordnung der baulichen Anlagen auf dem Grundstück,

3. die Öffnungen nach öffentlichen Verkehrsflächen und nach angrenzenden Grundstücken,

4. die Bauart und Anordnung aller für die Standsicherheit, Verkehrssicherheit, den Brandschutz, Schallschutz oder Gesundheitsschutz wesentlichen Bauteile und die Verwendung von Baustoffen,

5. die Feuerungsanlagen und Heizräume,

6. die Zahl, Anordnung und Herstellung der Treppen, Treppenräume, Flure, Aufzüge, Ausgänge und Rettungswege,

7. die zulässige Benutzerzahl, Anordnung und Zahl der zulässigen Sitze und Stehplätze bei Versammlungsstätten, Tribünen und Fliegenden Bauten,

8. die Lüftung und Rauchableitung,

9. die Beleuchtung und Energieversorgung,

10. die Wasserversorgung,

11. die Aufbewahrung und Entsorgung von Abwasser sowie von Abfällen zur Beseitigung und zur Verwertung,

12. die Stellplätze und Garagen sowie ihre Zu- und Abfahrten,

13. die Anlage von Fahrradabstellplätzen,

14. die Anlage von Grünstreifen, Baum- und anderen Pflanzungen sowie die Begrünung oder Beseitigung von Halden und Gruben,

15. die Wasserdurchlässigkeit befestigter Flächen,

16. den Betrieb und die Nutzung einschließlich des organisatorischen Brandschutzes und der Bestellung und der Qualifikation eines Brandschutzbeauftragten,

17. Brandschutzanlagen, -einrichtungen und -vorkehrungen einschließlich der Löschwasserrückhaltung,

18. die Zahl der Toiletten für Besucher.

(2) Sonderbauten sind Anlagen und Räume besonderer Art oder Nutzung, die insbesondere einen der nachfolgenden Tatbestände erfüllen:

1. Hochhäuser (Gebäude mit einer Höhe nach § 2 Absatz 4 Satz 2 von mehr als 22 m),

2. Verkaufsstätten, deren Verkaufsräume und Ladenstraßen eine Grundfläche von insgesamt mehr als 400 m² haben,

3. bauliche Anlagen und Räume, die überwiegend für gewerbliche Betriebe bestimmt sind, mit einer Grundfläche von insgesamt mehr als 400 m²,

4. Büro- und Verwaltungsgebäude mit einer Grundfläche von insgesamt mehr als 400 m²,

5. Schulen, Hochschulen und ähnliche Einrichtungen,

6. Einrichtungen zur Betreuung, Unterbringung oder Pflege von Kindern, Menschen mit Behinderung oder alten Menschen, ausgenommen Tageseinrichtungen für Kinder und Kindertagespflege für nicht mehr als acht Kinder und ambulant betreute Wohngemeinschaften für nicht mehr als acht Personen ohne Intensivpflegebedarf,

7. Versammlungsstätten und Sportstätten,

8. Krankenhäuser und ähnliche Einrichtungen,

9. bauliche Anlagen mit erhöhter Brand-, Explosions-, Strahlen- oder Verkehrsgefahr,

10. bauliche Anlagen und Räume, bei denen im Brandfall mit einer Gefährdung der Umwelt gerechnet werden muss,

11. Fliegende Bauten,

12. Camping-, Wochenend- und Zeltplätze,

13. Gemeinschaftsunterkünfte und Beherbergungsstätten mit mehr als 12 Betten,

14. Freizeit- und Vergnügungsparks,

15. Gaststätten mit mehr als 40 Gastplätzen,

16. Spielhallen,

17. Justizvollzugsanstalten und bauliche Anlagen für den Maßregelvollzug,

18. Regallager mit einer Oberkante Lagerguthöhe von mehr als 7,50 m,

19. bauliche Anlagen mit einer Höhe von mehr als 30 m,

20. Gebäude mit mehr als 1600 m² Grundfläche des Geschosses mit der größten Ausdehnung, ausgenommen Wohngebäude und Gewächshäuser.

(3) Als Nachweis dafür, dass diese Anforderungen erfüllt sind, können Bescheinigungen verlangt werden, die bei den Abnahmen vorzulegen sind; ferner können Nachprüfungen und deren Wiederholung in bestimmten Zeitabständen verlangt werden.

§ 39
Barrierefreie Anlagen

(1) Bauliche Anlagen sowie andere Anlagen, die überwiegend von Menschen mit Behinderung oder alten Menschen genutzt werden, wie

1. Einrichtungen zur Frühförderung behinderter Kinder, Sonderschulen, Tages- und Begegnungsstätten, Einrichtungen zur Berufsbildung, Werkstätten, Wohnungen und Heime für Menschen mit Behinderung,

2. Altentagesstätten, Altenbegegnungsstätten, Altenwohnungen, Altenwohnheime, Altenheime und Altenpflegeheime,

sind so herzustellen, dass sie von diesen Personen zweckentsprechend ohne fremde Hilfe genutzt werden können (barrierefreie Anlagen).

(2) Die Anforderungen nach Absatz 1 gelten auch für

1. Gebäude der öffentlichen Verwaltung und Gerichte,

2. Schalter- und Abfertigungsräume der Verkehrs- und Versorgungsbetriebe, der Post- und Telekommunikationsbetriebe sowie der Kreditinstitute,

3. Kirchen und andere Anlagen für den Gottesdienst,

4. Versammlungsstätten,

5. Museen und öffentliche Bibliotheken,

6. Sport-, Spiel- und Erholungsanlagen, Schwimmbäder,

7. Camping- und Zeltplätze mit mehr als 50 Standplätzen,

8. Jugend- und Freizeitstätten,

9. Messe-, Kongress- und Ausstellungsbauten,

10. Krankenhäuser, Kureinrichtungen und Sozialeinrichtungen,

11. Bildungs- und Ausbildungsstätten aller Art, wie Schulen, Hochschulen, Volkshochschulen,

12. Kindertageseinrichtungen und Kinderheime,

13. öffentliche Bedürfnisanstalten,

14. Bürogebäude,

15. Verkaufsstätten und Ladenpassagen,

16. Beherbergungsbetriebe,

17. Gaststätten,

18. Praxen der Heilberufe und der Heilhilfsberufe,

19. Nutzungseinheiten, die in den Nummern 1 bis 18 nicht aufgeführt sind und nicht Wohnzwecken dienen, soweit sie eine Nutzfläche von mehr als 1200 m² haben,

20. allgemein zugängliche Großgaragen sowie Stellplätze und Garagen für Anlagen nach Absatz 1 und Absatz 2 Nr. 1 bis 19.

(3) Bei Anlagen nach Absatz 2 können im Einzelfall Ausnahmen zugelassen werden, soweit die Anforderungen nur mit einem unverhältnismäßigen Mehraufwand erfüllt werden können. Bei Schulen und Kindertageseinrichtungen dürfen Ausnahmen nach Satz 1 nur bei Nutzungsänderungen und baulichen Änderungen zugelassen werden.

§ 40
Gemeinschaftsanlagen

(1) Die Herstellung, die Instandhaltung und die Verwaltung von Gemeinschaftsanlagen, für die in einem Bebauungsplan Flächen festgesetzt sind, obliegen den Eigentümern oder Erbbauberechtigten der Grundstücke, für die diese Anlagen bestimmt sind, sowie den Bauherrn.

(2) Die Gemeinschaftsanlage muss hergestellt werden, sobald und soweit dies erforderlich ist. Die Baurechtsbehörde kann durch schriftliche Anordnung den Zeitpunkt für die Herstellung bestimmen.

SIEBENTER TEIL
Am Bau Beteiligte, Baurechtsbehörden

§ 41
Grundsatz

Bei der Errichtung oder dem Abbruch einer baulichen Anlage sind der Bauherr und im Rahmen ihres Wirkungskreises die anderen nach den §§ 43 bis 45 am Bau Beteiligten dafür verantwortlich, dass die öffentlich-rechtlichen Vorschriften und die auf Grund dieser Vorschriften erlassenen Anordnungen eingehalten werden.

§ 42
Bauherr

(1) Der Bauherr hat zur Vorbereitung, Überwachung und Ausführung eines genehmigungspflichtigen oder kenntnisgabepflichtigen Bauvorhabens einen geeigneten Entwurfsverfasser, geeignete Unternehmer und nach Maßgabe des Absatzes 3 einen geeigneten Bauleiter zu bestellen. Dem Bauherrn obliegen die nach den öffentlich-rechtlichen Vorschriften erforderlichen Anzeigen an die Baurechtsbehörde. Er hat die zur Erfüllung der Anforderungen dieses Gesetzes oder auf Grund dieses Gesetzes erforderlichen Nachweise und Unterlagen zu den verwendeten Bauprodukten und den angewandten Bauarten bereitzuhalten. Werden Bauprodukte verwendet, die die CE-Kennzeichnung nach der Verordnung (EU) Nr. 305/2011 tragen, ist die Leistungserklärung bereitzuhalten.

(2) Bei Bauarbeiten, die unter Einhaltung des Gesetzes zur Bekämpfung der Schwarzarbeit in Selbst-, Nachbarschafts- oder Gefälligkeitshilfe ausgeführt werden, ist die Bestellung von Unternehmern nicht erforderlich, wenn genügend Fachkräfte mit der nötigen Sachkunde, Erfahrung und Zuverlässigkeit mitwirken. §§ 43 und 45 bleiben unberührt. Kenntnisgabepflichtige Abbrucharbeiten dürfen nicht in Selbst-, Nachbarschafts- oder Gefälligkeitshilfe ausgeführt werden.

(3) Bei der Errichtung von Gebäuden mit Aufenthaltsräumen und bei Bauvorhaben, die technisch besonders schwierig oder besonders umfangreich sind, kann die Baurechtsbehörde die Bestellung eines Bauleiters verlangen.

(4) Genügt eine vom Bauherrn bestellte Person nicht den Anforderungen der §§ 43 bis 45, so kann die Baurechtsbehörde vor und während der Bauausführung verlangen, dass sie durch eine geeignete Person ersetzt wird oder dass geeignete Sachverständige herangezogen werden. Die Baurechtsbehörde kann die Bauarbeiten einstellen, bis geeignete Personen oder Sachverständige bestellt sind.

(5) Die Baurechtsbehörde kann verlangen, dass ihr für bestimmte Arbeiten die Unternehmer benannt werden.

(6) Wechselt der Bauherr, so hat der neue Bauherr dies der Baurechtsbehörde unverzüglich mitzuteilen.

(7) Treten bei einem Vorhaben mehrere Personen als Bauherr auf, so müssen sie auf Verlangen der Baurechtsbehörde einen Vertreter bestellen, der ihr gegenüber die dem Bauherrn nach den öffentlich-rechtlichen Vorschriften obliegenden Verpflichtungen zu erfüllen hat. § 18 Abs. 1 Sätze 2 und 3 und Abs. 2 des Landesverwaltungsverfahrensgesetzes findet Anwendung.

§ 43
Entwurfsverfasser

(1) Der Entwurfsverfasser ist dafür verantwortlich, dass sein Entwurf den öffentlich-rechtlichen Vorschriften entspricht. Zum Entwurf gehören die Bauvorlagen und die Ausführungsplanung; der Bauherr kann mit der Ausführungsplanung einen anderen Entwurfsverfasser beauftragen.

(2) Hat der Entwurfsverfasser auf einzelnen Fachgebieten nicht die erforderliche Sachkunde und Erfahrung, so hat er den Bauherrn zu veranlassen, geeignete Fachplaner zu bestellen. Diese sind für ihre Beiträge verantwortlich. Der Entwurfsverfasser bleibt dafür verantwortlich, dass die Beiträge der Fachplaner entsprechend den öffentlich-rechtlichen Vorschriften aufeinander abgestimmt werden.

(3) Für die Errichtung von Gebäuden, die der Baugenehmigung oder der Kenntnisgabe bedürfen, darf als Entwurfsverfasser für die Bauvorlagen nur bestellt werden, wer

1. die Berufsbezeichnung „Architektin" oder „Architekt" führen darf,

2. die Berufsbezeichnung „Innenarchitektin" oder „Innenarchitekt" führen darf, jedoch nur für die Gestaltung von Innenräumen und die damit verbunden baulichen Änderungen von Gebäuden,

3. in die von der Ingenieurkammer Baden-Württemberg geführte Liste der Entwurfsverfasser der Fachrichtung Bauingenieurwesen eingetragen ist; Eintragungen anderer Länder gelten auch im Land Baden-Württemberg.

(4) Für die Errichtung von

1. Wohngebäuden mit einem Vollgeschoß bis zu 150 m² Grundfläche,

2. eingeschossigen gewerblichen Gebäuden bis zu 250 m² Grundfläche und bis zu 5 m Wandhöhe, gemessen von der Geländeoberfläche bis zum Schnittpunkt von Außenwand und Dachhaut,

3. land- oder forstwirtschaftlich genutzten Gebäuden bis zu zwei Vollgeschossen und bis zu 250 m² Grundfläche

dürfen auch Angehörige der Fachrichtung Architektur, Innenarchitektur, Hochbau oder Bauingenieurwesen, die an einer Hochschule, Fachhochschule oder gleichrangigen Bildungseinrichtung das Studium erfolgreich abgeschlossen haben, staatlich geprüfte Technikerinnen oder Techniker der Fachrichtung Bautechnik sowie Personen, die in einem anderen Mitgliedstaat der Europäischen Union oder einem nach dem Recht der Europäischen Gemeinschaften gleichgestellten Staat eine gleichwertige Ausbildung abgeschlossen haben, als Entwurfsverfasser bestellt werden. Das Gleiche gilt für Personen, die die Meisterprüfung des Maurer-, Betonbauer-, Stahlbetonbauer- oder Zimmererhandwerks abgelegt haben und für Personen, die diesen, mit Ausnahme von § 7 b der Handwerksordnung, handwerksrechtlich gleichgestellt sind.

(5) Die Absätze 3 und 4 gelten nicht für

1. Vorhaben, die nur aufgrund örtlicher Bauvorschriften kenntnisgabepflichtig sind,

2. Vorhaben, die von Beschäftigten im öffentlichen Dienst für ihren Dienstherrn geplant werden, wenn die Beschäftigten

a) eine Berufsausbildung nach § 4 des Architektengesetzes haben oder

b) die Eintragungsvoraussetzungen nach Absatz 6 erfüllen,

3. Garagen bis zu 100 m² Nutzfläche,

4. Behelfsbauten und untergeordnete Gebäude.

(6) In die Liste der Entwurfsverfasser ist auf Antrag von der Ingenieurkammer Baden-Württemberg einzutragen, wer

1. einen berufsqualifizierenden Hochschulabschluss eines Studiums der Fachrichtung Hochbau (Artikel 49 Abs. 1 der Richtlinie 2005/36/EG des Europäischen Parlaments und des Rates vom 7. September 2005 über die Anerkennung von Berufsqualifikationen, ABl. L 255 vom 30. September 2005, S. 22) oder des Bauingenieurwesens nachweist und

2. danach mindestens zwei Jahre auf dem Gebiet der Entwurfsplanung von Gebäuden praktisch tätig gewesen ist.

Dem Antrag sind die zur Beurteilung erforderlichen Unterlagen beizufügen. Die Ingenieurkammer bestätigt unverzüglich den Eingang der Unterlagen und teilt gegebenenfalls mit, welche Unterlagen fehlen. Die Eingangsbestätigung muss folgende Angaben enthalten:

1. die in Satz 5 genannte Frist,

2. die verfügbaren Rechtsbehelfe,

3. die Erklärung, dass der Antrag als genehmigt gilt, wenn über ihn nicht rechtzeitig entschieden wird und

4. im Fall der Nachforderung von Unterlagen die Mitteilung, dass die Frist nach Satz 5 erst beginnt, wenn die Unterlagen vollständig sind.

Über den Antrag ist innerhalb von drei Monaten nach Vorlage der vollständigen Unterlagen zu entscheiden; die Ingenieurkammer kann die Frist gegenüber dem Antragsteller einmal um bis zu zwei Monate verlängern. Die Fristverlängerung und deren Ende sind ausreichend zu begründen und dem Antragsteller vor Ablauf der ursprünglichen Frist mitzuteilen. Der Antrag gilt als genehmigt, wenn über ihn nicht innerhalb der nach Satz 5 maßgeblichen Frist entschieden worden ist.

(7) Personen, die in einem anderen Mitgliedstaat der Europäischen Union oder einem nach dem Recht der Europäischen Gemeinschaften gleichgestellten Staat als Bauvorlageberechtigte niedergelassen sind, sind ohne Eintragung in die Liste nach Absatz 3 Nr. 3 bauvorlageberechtigt, wenn sie

1. eine vergleichbare Berechtigung besitzen und

2. dafür dem Absatz 6 Satz 1 vergleichbare Anforderungen erfüllen mussten.

Sie haben das erstmalige Tätigwerden als Bauvorlageberechtigter vorher der Ingenieurkammer Baden-Württemberg anzuzeigen und dabei

1. eine Bescheinigung darüber, dass sie in einem Mitgliedstaat der Europäischen Union oder einem nach dem Recht der Europäischen Gemeinschaften gleichgestellten Staat rechtmäßig als Bauvorlageberechtigte niedergelassen sind und ihnen die Ausübung dieser Tätigkeiten zum Zeitpunkt der Vorlage der Bescheinigung nicht, auch nicht vorübergehend, untersagt ist, und

2. einen Nachweis darüber, dass sie im Staat ihrer Niederlassung für die Tätigkeit als Bauvorlageberechtigter mindestens die Voraussetzungen des Absatzes 6 Satz 1 erfüllen mussten,

vorzulegen; sie sind in einem Verzeichnis zu führen.

Die Ingenieurkammer hat auf Antrag zu bestätigen, dass die Anzeige nach Satz 2 erfolgt ist; sie kann das Tätigwerden als Bauvorlageberechtigter untersagen und die Eintragung in dem Verzeichnis nach Satz 2 löschen, wenn die Voraussetzungen des Satzes 1 nicht erfüllt sind.

(8) Personen, die in einem anderen Mitgliedstaat der Europäischen Union oder einem nach dem Recht der Europäischen Gemeinschaften gleichgestellten Staat als Bauvorlageberechtigte niedergelassen sind, ohne im Sinne des Absatzes 7 Satz 1 Nr. 2 vergleichbar zu sein, sind bauvorlageberechtigt, wenn ihnen die Ingenieurkammer bescheinigt hat, dass sie die Anforderungen des Absatzes 6 Satz 1 Nr. 1 und 2 erfüllen; sie sind in einem Verzeichnis zu führen. Die Bescheinigung wird auf Antrag erteilt. Absatz 6 Satz 2 bis 7 ist entsprechend anzuwenden.

(9) Anzeigen und Bescheinigungen nach den Absätzen 7 und 8 sind nicht erforderlich, wenn bereits in einem anderen Land eine Anzeige erfolgt ist oder eine Bescheinigung erteilt wurde; eine weitere Eintragung in die von der Ingenieurkammer geführten Verzeichnisse erfolgt nicht. Verfahren nach den Absätzen 6 bis 8 können über einen Einheitlichen Ansprechpartner im Sinne des Gesetzes über Einheitliche Ansprechpartner für das Land Baden-Württemberg abgewickelt werden; §§ 71 a bis 71 e des

Landesverwaltungsverfahrensgesetzes in der jeweils geltenden Fassung finden Anwendung.

(10) Die oberste Baurechtsbehörde kann Entwurfsverfassern und Fachplanern nach Absatz 2 das Verfassen von Bauvorlagen ganz oder teilweise untersagen, wenn diese wiederholt und unter grober Verletzung ihrer Pflichten nach Absatz 1 und 2 bei der Erstellung von Bauvorlagen bauplanungsrechtliche oder bauordnungsrechtliche Vorschriften nicht beachtet haben.

§ 44
Unternehmer

(1) Jeder Unternehmer ist dafür verantwortlich, dass seine Arbeiten den öffentlich-rechtlichen Vorschriften entsprechend ausgeführt und insoweit auf die Arbeiten anderer Unternehmer abgestimmt werden. Er hat insoweit für die ordnungsgemäße Einrichtung und den sicheren Betrieb der Baustelle, insbesondere die Tauglichkeit und Betriebssicherheit der Gerüste, Geräte und der anderen Baustelleneinrichtungen sowie die Einhaltung der Arbeitsschutzbestimmungen zu sorgen. Er hat die zur Erfüllung der Anforderungen dieses Gesetzes oder auf Grund dieses Gesetzes erforderlichen Nachweise und Unterlagen zu den verwendeten Bauprodukten und den angewandten Bauarten zu erbringen und auf der Baustelle bereitzuhalten. Bei Bauprodukten, die die CE-Kennzeichnung nach der Verordnung (EU) Nr. 305/2011 tragen, ist die Leistungserklärung bereitzuhalten.

(2) Hat der Unternehmer für einzelne Arbeiten nicht die erforderliche Sachkunde und Erfahrung, so hat er den Bauherrn zu veranlassen, geeignete Fachkräfte zu bestellen. Diese sind für ihre Arbeiten verantwortlich. Der Unternehmer bleibt dafür verantwortlich, dass die Arbeiten der Fachkräfte entsprechend den öffentlich-rechtlichen Vorschriften aufeinander abgestimmt werden.

(3) Der Unternehmer und die Fachkräfte nach Absatz 2 haben auf Verlangen der Baurechtsbehörde für Bauarbeiten, bei denen die Sicherheit der baulichen Anlagen in außergewöhnlichem Maße von einer besonderen Sachkenntnis und Erfahrung oder von einer Ausstattung mit besonderen Einrichtungen abhängt, nachzuweisen, dass sie für diese Bauarbeiten geeignet sind und über die erforderlichen Einrichtungen verfügen.

§ 45
Bauleiter

(1) Der Bauleiter hat darüber zu wachen, dass die Bauausführung den öffentlich-rechtlichen Vorschriften und den Entwürfen des Entwurfsverfassers entspricht. Er hat im Rahmen dieser Aufgabe auf den sicheren bautechnischen Betrieb der Baustelle, insbesondere auf das gefahrlose Ineinandergreifen der Arbeiten der Unternehmer zu achten; die Verantwortlichkeit der Unternehmer bleibt unberührt. Verstöße, denen nicht abgeholfen wird, hat er unverzüglich der Baurechtsbehörde mitzuteilen.

(2) Hat der Bauleiter nicht für alle ihm obliegenden Aufgaben die erforderliche Sachkunde und Erfahrung, hat er den Bauherrn zu veranlassen, geeignete Fachbauleiter zu bestellen. Diese treten insoweit an die Stelle des Bauleiters. Der Bauleiter bleibt für das ordnungsgemäße Ineinandergreifen seiner Tätigkeiten mit denen der Fachbauleiter verantwortlich.

§ 46
Aufbau und Besetzung der Baurechtsbehörden

(1) Baurechtsbehörden sind

1. hinsichtlich der Regelungsgegenstände der §§ 13, 14, 16a bis 25, 48 Absatz 4 sowie des § 68 das Umweltministerium und im Übrigen das Wirtschaftsministerium als oberste Baurechtsbehörden,

2. die Regierungspräsidien als höhere Baurechtsbehörden,

3. die unteren Verwaltungsbehörden und die in den Absatz 2 genannten Gemeinden und Verwaltungsgemeinschaften als untere Baurechtsbehörden.

(2) Untere Baurechtsbehörden sind

1. Gemeinden und,

2. Verwaltungsgemeinschaften,

wenn sie die Voraussetzungen des Absatzes 4 erfüllen und die höhere Baurechtsbehörde auf Antrag die Erfüllung dieser Voraussetzungen feststellt. Die Zuständigkeit und der Zeitpunkt des Aufgabenübergangs sind im Gesetzblatt bekanntzumachen.

(3) Die Zuständigkeit erlischt im Falle des Absatzes 2 durch Erklärung der Gemeinde oder der Verwaltungsgemeinschaft gegenüber der höheren Baurechtsbehörde. Sie erlischt ferner, wenn die in Absatz 2 Satz 1 genannten Voraussetzungen nicht mehr erfüllt sind und die höhere Baurechtsbehörde dies feststellt. Das Erlöschen und sein Zeitpunkt sind im Gesetzblatt bekanntzumachen.

(4) Die Baurechtsbehörden sind für ihre Aufgaben ausreichend mit geeigneten Fachkräften zu besetzen. Jeder unteren Baurechtsbehörde muss mindestens ein Bauverständiger angehören, der das Studium der Fachrichtung Architektur oder Bauingenieurwesen an einer deutschen Universität oder Fachhochschule oder eine gleichwertige Ausbildung an einer ausländischen Hochschule oder gleichrangigen Lehreinrichtung erfolgreich abgeschlossen hat; die höhere Baurechtsbehörde kann von der Anforderung an die Ausbildung Ausnahmen zulassen. Die Fachkräfte zur Beratung und Unterstützung der Landratsämter als Baurechtsbehörden sind vom Landkreis zu stellen.

§ 47
Aufgaben und Befugnisse der Baurechtsbehörden

(1) Die Baurechtsbehörden haben darauf zu achten, dass die baurechtlichen Vorschriften sowie die anderen öffentlich-rechtlichen Vorschriften über die Errichtung und den Abbruch von Anlagen und Einrichtungen im Sinne des § 1 eingehalten und die auf Grund dieser Vorschriften erlassenen Anordnungen befolgt werden. Sie haben zur Wahrnehmung dieser Aufgaben diejenigen Maßnahmen zu treffen, die nach pflichtgemäßem Ermessen erforderlich sind.

(2) Die Baurechtsbehörden können zur Erfüllung ihrer Aufgaben Sachverständige heranziehen.

(3) Die mit dem Vollzug dieses Gesetzes beauftragten Personen sind berechtigt, in Ausübung ihres Amtes Grundstücke und bauliche Anlagen einschließlich der Wohnungen zu betreten. Das Grundrecht der Unverletzlichkeit der Wohnung (Artikel 13 des Grundgesetzes) wird insoweit eingeschränkt.

(4) Die den Gemeinden und den Verwaltungsgemeinschaften nach § 46 Abs. 2 übertragenen Aufgaben der unteren Baurechtsbehörden sind Pflichtaufgaben nach

Weisung. Für die Erhebung von Gebühren und Auslagen gilt das Kommunalabgabengesetz. Abweichend hiervon gelten für die Erhebung von Gebühren und Auslagen für bautechnische Prüfungen die für die staatlichen Behörden maßgebenden Vorschriften.

(5) Die für die Fachaufsicht zuständigen Behörden können den nachgeordneten Baurechtsbehörden unbeschränkt Weisungen erteilen. Leistet eine Baurechtsbehörde einer ihr erteilten Weisung innerhalb der gesetzten Frist keine Folge, so kann an ihrer Stelle jede Fachaufsichtsbehörde die erforderlichen Maßnahmen auf Kosten des Kostenträgers der Baurechtsbehörde treffen. § 129 Abs. 5 der Gemeindeordnung gilt entsprechend.

§ 48
Sachliche Zuständigkeit

(1) Sachlich zuständig ist die untere Baurechtsbehörde, soweit nichts anderes bestimmt ist.

(2) Anstelle einer Gemeinde als Baurechtsbehörde ist die nächsthöhere Baurechtsbehörde, bei den in § 46 Abs. 2 genannten Gemeinden die untere Verwaltungsbehörde zuständig, wenn es sich um ein Vorhaben der Gemeinde selbst handelt, gegen das Einwendungen erhoben werden, sowie bei einem Vorhaben, gegen das die Gemeinde als Beteiligte Einwendungen erhoben hat; an Stelle einer Verwaltungsgemeinschaft als Baurechtsbehörde ist in diesen Fällen bei Vorhaben sowie bei Einwendungen der Verwaltungsgemeinschaft oder einer Gemeinde, die der Verwaltungsgemeinschaft angehört, die in § 28 Abs. 2 Nr. 1 oder 2 des Gesetzes über kommunale Zusammenarbeit genannte Behörde zuständig. Für die Behandlung des Bauantrags, die Bauüberwachung und die Bauabnahme gilt Absatz 1.

(3) Die Erlaubnis nach den auf Grund des § 34 des Produktsicherheitsgesetzes erlassenen Vorschriften schließt eine Genehmigung oder Zustimmung nach diesem Gesetz ein. Die für die Erlaubnis zuständige Behörde entscheidet im Benehmen mit der Baurechtsbehörde der gleichen Verwaltungsstufe; die Bauüberwachung nach § 66 und die Bauabnahmen nach § 67 obliegen der Baurechtsbehörde.

(4) Bei Anlagen nach § 7 des Atomgesetzes schließt die atomrechtliche Genehmigung eine Genehmigung oder Zustimmung nach diesem Gesetz ein. Im Übrigen ist die oberste Baurechtsbehörde sachlich zuständig für alle baulichen Anlagen auf dem Betriebsgelände, soweit sie nicht im Einzelfall die Zuständigkeit einer nachgeordneten Baurechtsbehörde überträgt.

ACHTER TEIL
Verwaltungsverfahren, Baulasten

§ 49
Genehmigungspflichtige Vorhaben

Die Errichtung und der Abbruch baulicher Anlagen sowie der in § 50 aufgeführten anderen Anlagen und Einrichtungen bedürfen der Baugenehmigung, soweit in §§ 50, 51, 69 oder 70 nichts anderes bestimmt ist.

§ 50
Verfahrensfreie Vorhaben

(1) Die Errichtung der Anlagen und Einrichtungen, die im Anhang aufgeführt sind, ist verfahrensfrei.

(2) Die Nutzungsänderung ist verfahrensfrei, wenn

1. für die neue Nutzung keine anderen oder weitergehenden Anforderungen gelten als für die bisherige Nutzung oder

2. durch die neue Nutzung zusätzlicher Wohnraum in Wohngebäuden nach Gebäudeklasse 1 bis 3 im Innenbereich geschaffen wird.

(3) Der Abbruch ist verfahrensfrei bei

1. Anlagen nach Absatz 1,

2. freistehenden Gebäuden der Gebäudeklassen 1 und 3,

3. sonstigen Anlagen, die keine Gebäude sind, mit einer Höhe bis zu 10 m.

(4) Instandhaltungsarbeiten sind verfahrensfrei.

(5) Verfahrensfreie Vorhaben müssen ebenso wie genehmigungspflichtige Vorhaben den öffentlich-rechtlichen Vorschriften entsprechen. § 57 findet entsprechende Anwendung.

§ 51
Kenntnisgabeverfahren

(1) Das Kenntnisgabeverfahren kann durchgeführt werden bei der Errichtung von

1. Wohngebäuden,

2. sonstigen Gebäuden der Gebäudeklassen 1 bis 3, ausgenommen Gaststätten,

3. sonstigen baulichen Anlagen, die keine Gebäude sind,

4. Nebengebäuden und Nebenanlagen zu Bauvorhaben nach den Nummern 1 bis 3,

ausgenommen Sonderbauten, soweit die Vorhaben nicht bereits nach § 50 verfahrensfrei sind und die Voraussetzungen des Absatzes 2 vorliegen. Satz 1 gilt nicht für die Errichtung von

1. einem oder mehreren Gebäuden, wenn die Größe der dem Wohnen dienenden Nutzungseinheiten insgesamt mehr als 5.000 m2 Brutto-Grundfläche beträgt, und

2. baulichen Anlagen, die öffentlich zugänglich sind, wenn dadurch erstmals oder zusätzlich die gleichzeitige Nutzung durch mehr als 100 Personen zu erwarten ist,

wenn sie innerhalb des angemessenen Sicherheitsabstands gemäß § 3 Absatz 5c des Bundes-Immissionsschutzgesetzes (BImSchG) eines Betriebsbereichs im Sinne von § 3 Absatz 5a BImSchG liegen und dem Gebot, einen angemessenen Sicherheitsabstand zu wahren, nicht bereits auf der Ebene der Bauleitplanung Rechnung getragen wurde.

(2) Die Vorhaben nach Absatz 1 müssen liegen

1. innerhalb des Geltungsbereichs eines Bebauungsplans im Sinne des § 30 Abs. 1 BauGB, der nach dem 29. Juni 1961 rechtsverbindlich geworden ist, oder im Geltungsbereich eines Bebauungsplans im Sinne der §§ 12, 30 Abs. 2 BauGB und

2. außerhalb des Geltungsbereichs einer Veränderungssperre im Sinne des § 14 BauGB.

Sie dürfen den Festsetzungen des Bebauungsplans nicht widersprechen.

(3) Beim Abbruch von Anlagen und Einrichtungen wird das Kenntnisgabeverfahren durchgeführt, soweit die Vorhaben nicht bereits nach § 50 Abs. 3 verfahrensfrei sind.

(4) Kenntnisgabepflichtige Vorhaben müssen ebenso wie genehmigungspflichtige Vorhaben den öffentlich-rechtlichen Vorschriften entsprechen.

(5) Der Bauherr kann beantragen, dass bei Vorhaben, die Absatz 1 oder 3 entsprechen, ein Baugenehmigungsverfahren durchgeführt wird; bei Wohngebäuden der Gebäudeklassen 1 bis 3 sowie deren Nebengebäuden und Nebenanlagen ist als weiteres Verfahren nur das vereinfachte Baugenehmigungsverfahren nach § 52 eröffnet.

§ 52
Vereinfachtes Baugenehmigungsverfahren

(1) Das vereinfachte Baugenehmigungsverfahren kann bei Bauvorhaben nach § 51 Absatz 1 Satz 1 durchgeführt werden.

(2) Im vereinfachten Baugenehmigungsverfahren prüft die Baurechtsbehörde

1. die Übereinstimmung mit den Vorschriften über die Zulässigkeit der baulichen Anlagen nach den §§ 14 und 29 bis 38 BauGB,

2. die Übereinstimmung mit den §§ 5 bis 7,

3. andere öffentlich-rechtliche Vorschriften außerhalb dieses Gesetzes und außerhalb von Vorschriften auf Grund dieses Gesetzes,

a) soweit in diesen Anforderungen an eine Baugenehmigung gestellt werden oder

b) soweit es sich um Vorhaben im Außenbereich handelt, im Umfang des § 58 Abs. 1 Satz 2.

(3) Auch soweit Absatz 2 keine Prüfung vorsieht, müssen Bauvorhaben im vereinfachten Verfahren den öffentlich-rechtlichen Vorschriften entsprechen.

(4) Über Abweichungen, Ausnahmen und Befreiungen von Vorschriften nach diesem Gesetz oder auf Grund dieses Gesetzes, die nach Absatz 2 nicht geprüft werden, entscheidet die Baurechtsbehörde auf besonderen Antrag im Rahmen des vereinfachten Baugenehmigungsverfahrens.

§ 53
Bauvorlagen und Bauantrag

(1) Alle für die Durchführung des Baugenehmigungsverfahrens oder des Kenntnisgabeverfahrens erforderlichen Unterlagen (Bauvorlagen) und Anträge auf

Abweichungen, Ausnahmen und Befreiungen sind bei der Gemeinde einzureichen. Bei genehmigungspflichtigen Vorhaben ist zusammen mit den Bauvorlagen der Antrag auf Baugenehmigung (Bauantrag) einzureichen.

(2) Der Bauantrag und die Bauvorlagen sind in Textform nach § 126b des Bürgerlichen Gesetzbuchs einzureichen.

(3) Zum Bauantrag wird die Gemeinde gehört, wenn sie nicht selbst Baurechtsbehörde ist.

(4) Soweit es für die Feststellung notwendig ist, ob dem Vorhaben von der Baurechtsbehörde zu prüfende öffentlich-rechtliche Vorschriften im Sinne des § 58 Absatz 1 Satz 1 entgegenstehen, sollen die Stellen gehört werden, deren Aufgabenbereich berührt wird. Ist die Beteiligung einer Stelle nur erforderlich, um das Vorliegen von fachtechnischen Voraussetzungen in öffentlich-rechtlichen Vorschriften zu prüfen, kann die Baurechtsbehörde mit Einverständnis des Bauherrn und auf dessen Kosten dies durch Sachverständige prüfen lassen. Sie kann vom Bauherrn die Bestätigung eines Sachverständigen verlangen, dass die fachtechnischen Voraussetzungen vorliegen.

(5) Im Kenntnisgabeverfahren hat die Gemeinde innerhalb von fünf Arbeitstagen

1. dem Bauherrn den Zeitpunkt des Eingangs der vollständigen Bauvorlagen schriftlich zu bestätigen und

2. die Bauvorlagen, wenn sie nicht selbst Baurechtsbehörde ist, unter Zurückbehaltung einer Ausfertigung an die Baurechtsbehörde weiterzuleiten.

(6) Absatz 5 gilt nicht, wenn die Gemeinde feststellt, dass

1. die Bauvorlagen unvollständig sind,

2. die Erschließung des Vorhabens nicht gesichert ist,

3. eine hindernde Baulast besteht oder

4. das Vorhaben in einem förmlich festgelegten Sanierungsgebiet im Sinne des § 142 BauGB, in einem förmlich festgelegten städtebaulichen Entwicklungsbereich im Sinne des § 165 BauGB oder in einem förmlich festgelegten Gebiet im Sinne des § 171 d oder des § 172 BauGB liegt und die hierfür erforderlichen Genehmigungen nicht beantragt worden sind.

Die Gemeinde hat dies dem Bauherrn innerhalb von fünf Arbeitstagen mitzuteilen.

§ 54
Fristen im Genehmigungsverfahren, gemeindliches Einvernehmen

(1) Die Baurechtsbehörde hat innerhalb von zehn Arbeitstagen nach Eingang den Bauantrag und die Bauvorlagen auf Vollständigkeit zu überprüfen. Sind sie unvollständig oder entsprechen sie nicht den Formanforderungen, hat die Baurechtsbehörde dem Bauherrn unverzüglich mitzuteilen, welche Ergänzungen erforderlich sind und dass ohne Behebung der Mängel innerhalb der dem Bauherrn gesetzten, angemessenen Frist der Bauantrag zurückgewiesen werden kann. Stellt sich heraus, dass der Bauantrag gemäß den eingereichten Bauvorlagen nicht genehmigungsfähig ist, aber die notwendigen Änderungen oder Ergänzungen keinen neuen Bauantrag erfordern, soll dem Bauherrn die Gelegenheit zur Nachbesserung gegeben werden; bis zum Eingang der nachgebesserten Bauvorlagen bei der Baurechtsbehörde sind alle Fristabläufe gehemmt.

(2) Sobald der Bauantrag und die Bauvorlagen vollständig sind, hat die Baurechtsbehörde unverzüglich

1. dem Bauherrn ihren Eingang und den nach Absatz 5 ermittelten Zeitpunkt der Entscheidung, jeweils mit Datumsangabe, in Textform mitzuteilen,

2. die Gemeinde und die berührten Stellen nach § 53 Absätze 3 und 4 zu hören.

(3) Für die Abgabe der Stellungnahmen setzt die Baurechtsbehörde der Gemeinde und den berührten Stellen eine angemessene Frist; sie darf höchstens einen Monat betragen. Äußern sich die Gemeinde oder die berührten Stellen nicht fristgemäß, kann die Baurechtsbehörde davon ausgehen, dass keine Bedenken bestehen. Bedarf nach Landesrecht die Erteilung der Baugenehmigung des Einvernehmens oder der Zustimmung einer anderen Stelle, so gilt diese als erteilt, wenn sie nicht innerhalb eines Monats nach Eingang des Ersuchens unter Angabe der Gründe verweigert wird.

(4) Hat eine Gemeinde ihr nach § 14 Abs. 2 Satz 2, § 22 Abs. 5 Satz 1, § 36 Abs. 1 Satz 1 und 2 BauGB erforderliches Einvernehmen rechtswidrig versagt, hat die zuständige Genehmigungsbehörde das fehlende Einvernehmen nach Maßgabe der Sätze 2 bis 7 zu ersetzen. § 121 der Gemeindeordnung findet keine Anwendung. Die Genehmigung gilt zugleich als Ersatzvornahme. Sie ist insoweit zu begründen. Widerspruch und Anfechtungsklage haben auch insoweit keine aufschiebende Wirkung, als die Genehmigung als Ersatzvornahme gilt. Die Gemeinde ist vor der Erteilung der

Genehmigung anzuhören. Dabei ist ihr Gelegenheit zu geben, binnen angemessener Frist erneut über das gemeindliche Einvernehmen zu entscheiden.

(5) Die Baurechtsbehörde hat über den Bauantrag innerhalb von zwei Monaten, im vereinfachten Baugenehmigungsverfahren und in den Fällen des § 56 Abs. 6 sowie des § 57 Abs. 1 innerhalb eines Monats zu entscheiden. Die Frist nach Satz 1 beginnt, sobald die vollständigen Bauvorlagen und alle für die Entscheidung notwendigen Stellungnahmen und Mitwirkungen vorliegen, spätestens jedoch nach Ablauf der Fristen nach Absatz 3 und nach § 36 Abs. 2 Satz 2 BauGB sowie nach § 12 Absatz 2 Sätze 2 und 3 des Luftverkehrsgesetzes.

(6) Die Fristen nach Absatz 3 dürfen nur ausnahmsweise bis zu einem Monat verlängert werden, im vereinfachten Baugenehmigungsverfahren jedoch nur, wenn das Einvernehmen der Gemeinde nach § 36 Absatz 1 Sätze 1 und 2 BauGB erforderlich ist.

§ 55
Beteiligung der Nachbarn und der Öffentlichkeit

(1) Die Gemeinde benachrichtigt die Eigentümer angrenzender Grundstücke (Angrenzer) innerhalb von fünf Arbeitstagen ab dem Eingang der vollständigen Bauvorlagen von dem Bauvorhaben. Die Benachrichtigung ist nicht erforderlich bei Angrenzern, die

1. eine schriftliche Zustimmungserklärung abgegeben oder die Bauvorlagen unterschrieben haben oder

2. durch das Vorhaben offensichtlich nicht berührt werden.

Die Gemeinde kann auch sonstige Eigentümer benachbarter Grundstücke (sonstige Nachbarn), deren öffentlich-rechtlich geschützte nachbarliche Belange berührt sein können, innerhalb der Frist des Satzes 1 benachrichtigen. Bei Eigentümergemeinschaften nach dem Wohnungseigentumsgesetz genügt die Benachrichtigung des Verwalters.

(2) Einwendungen sind innerhalb von vier Wochen nach Zustellung der Benachrichtigung bei der Gemeinde in Textform oder zur Niederschrift vorzubringen. Die vom Bauantrag durch Zustellung benachrichtigten Angrenzer und sonstigen Nachbarn werden mit allen Einwendungen ausgeschlossen, die im Rahmen der Beteiligung nicht fristgemäß geltend gemacht worden sind und sich auf von der Baurechtsbehörde zu prüfende öffentlich-rechtliche Vorschriften beziehen (materielle

Präklusion). Auf diese Rechtsfolge ist in der Benachrichtigung hinzuweisen. Die Gemeinde leitet die bei ihr eingegangenen Einwendungen zusammen mit ihrer Stellungnahme innerhalb der Frist des § 54 Abs. 3 an die Baurechtsbehörde weiter.

(3) Bei Vorhaben im Kenntnisgabeverfahren gilt Absatz 1 entsprechend. Bedenken können innerhalb von zwei Wochen nach Zugang der Benachrichtigung bei der Gemeinde vorgebracht werden. Die Gemeinde hat sie unverzüglich an die Baurechtsbehörde weiterzuleiten. Für die Behandlung der Bedenken gilt § 47 Abs. 1. Die Angrenzer und sonstigen Nachbarn werden über das Ergebnis unterrichtet.

(4) Bei der Errichtung von

1. einem oder mehreren Gebäuden, wenn die Größe der dem Wohnen dienenden Nutzungseinheiten insgesamt mehr als 5.000 m2 Brutto-Grundfläche beträgt,

2. baulichen Anlagen, die öffentlich zugänglich sind, wenn dadurch erstmals oder zusätzlich die gleichzeitige Nutzung durch mehr als 100 Personen zu erwarten ist, und

3. Sonderbauten nach § 38 Absatz 2 Nummer 5, 6, 8, 12, 14 und 17

ist eine Öffentlichkeitsbeteiligung nach § 23b Absatz 2 BImSchG durchzuführen, wenn die Bauvorhaben innerhalb des angemessenen Sicherheitsabstands gemäß § 3 Absatz 5c BImSchG eines Betriebsbereichs im Sinne von § 3 Absatz 5a BImSchG liegen und dem Gebot, einen angemessenen Sicherheitsabstand zu wahren, nicht bereits auf der Ebene der Bauleitplanung in einem öffentlichen Verfahren Rechnung getragen wurde.

§ 56
Abweichungen, Ausnahmen und Befreiungen

(1) Abweichungen von technischen Bauvorschriften sind zuzulassen, wenn auf andere Weise dem Zweck dieser Vorschriften nachweislich entsprochen wird.

(2) Ferner sind Abweichungen von den Vorschriften in den §§ 4 bis 37 dieses Gesetzes oder aufgrund dieses Gesetzes zuzulassen

1. zur Modernisierung von Wohnungen und Wohngebäuden, Teilung von Wohnungen oder Schaffung von zusätzlichem Wohnraum durch Ausbau, Anbau, Nutzungsänderung, Aufstockung oder Änderung des Daches, wenn die Baugenehmigung oder die Kenntnisgabe für die Errichtung des Gebäudes mindestens fünf Jahre zurückliegt,

2. zur Erhaltung und weiteren Nutzung von Kulturdenkmalen,

3. zur Verwirklichung von Vorhaben zur Energieeinsparung und zur Nutzung erneuerbarer Energien,

4. zur praktischen Erprobung neuer Bau- und Wohnformen im Wohnungsbau,

wenn die Abweichungen mit den öffentlichen Belangen vereinbar sind.

(3) Ausnahmen, die in diesem Gesetz oder in Vorschriften auf Grund dieses Gesetzes vorgesehen sind, können zugelassen werden, wenn sie mit den öffentlichen Belangen vereinbar sind und die für die Ausnahmen festgelegten Voraussetzungen vorliegen.

(4) Ferner können Ausnahmen von den Vorschriften in den §§ 4 bis 37 dieses Gesetzes oder auf Grund dieses Gesetzes zugelassen werden

1. bei Gemeinschaftsunterkünften, die der vorübergehenden Unterbringung oder dem vorübergehenden Wohnen dienen,

2. bei baulichen Anlagen, die nach der Art ihrer Ausführung für eine dauernde Nutzung nicht geeignet sind und die für eine begrenzte Zeit aufgestellt werden (Behelfsbauten),

3. bei kleinen, Nebenzwecken dienenden Gebäuden ohne Feuerstätten, wie Geschirrhütten,

4. bei freistehenden anderen Gebäuden, die allenfalls für einen zeitlich begrenzten Aufenthalt bestimmt sind, wie Gartenhäuser, Wochenendhäuser oder Schutzhütten.

(5) Von den Vorschriften in den §§ 4 bis 39 dieses Gesetzes oder auf Grund dieses Gesetzes kann Befreiung erteilt werden, wenn

1. Gründe des allgemeinen Wohls die Abweichung erfordern oder

2. die Einhaltung der Vorschrift im Einzelfall zu einer offenbar nicht beabsichtigten Härte führen würde

und die Abweichung auch unter Würdigung nachbarlicher Interessen mit den öffentlichen Belangen vereinbar ist. Gründe des allgemeinen Wohls liegen auch bei Vorhaben zur Deckung dringenden Wohnbedarfs vor. Bei diesen Vorhaben kann auch in mehreren vergleichbaren Fällen eine Befreiung erteilt werden.

(6) Ist für verfahrensfreie Vorhaben eine Abweichung, Ausnahme oder Befreiung erforderlich, so ist diese in Textform besonders zu beantragen. § 54 Abs. 4 findet entsprechende Anwendung.

§ 57
Bauvorbescheid

(1) Vor Einreichen des Bauantrags kann auf Antrag des Bauherrn in Textform ein schriftlicher Bescheid zu einzelnen Fragen des Vorhabens erteilt werden (Bauvorbescheid). Der Bauvorbescheid gilt drei Jahre.

(2) § 53 Abs. 1 bis 4, §§ 54, 55 Abs. 1 und 2, § 58 Abs. 1 bis 3 sowie § 62 Abs. 2 gelten entsprechend.

§ 58
Baugenehmigung

(1) Die Baugenehmigung ist zu erteilen, wenn dem genehmigungspflichtigen Vorhaben keine von der Baurechtsbehörde zu prüfenden öffentlich-rechtlichen Vorschriften entgegenstehen. Soweit nicht § 52 Anwendung findet, sind alle öffentlich-rechtlichen Vorschriften zu prüfen, die Anforderungen an das Bauvorhaben enthalten und über deren Einhaltung nicht eine andere Behörde in einem gesonderten Verfahren durch Verwaltungsakt entscheidet. Die Baugenehmigung bedarf der Schriftform. Erleichterungen, Abweichungen, Ausnahmen und Befreiungen sind ausdrücklich auszusprechen. Die Baugenehmigung ist nur insoweit zu begründen, als sie Abweichungen, Ausnahmen oder Befreiungen von nachbarschützenden Vorschriften enthält und der Nachbar Einwendungen erhoben hat. Eine Ausfertigung der mit Genehmigungsvermerk versehenen Bauvorlagen ist dem Antragsteller mit der Baugenehmigung zuzustellen. Eine Ausfertigung der Baugenehmigung ist auch Angrenzern und sonstigen Nachbarn zuzustellen, deren Einwendungen gegen das Vorhaben nicht entsprochen wird; auszunehmen sind solche Angaben, die wegen berechtigter Interessen der Beteiligten geheim zu halten sind.

(2) Die Baugenehmigung gilt auch für und gegen den Rechtsnachfolger des Bauherrn.

(3) Die Baugenehmigung wird unbeschadet privater Rechte Dritter erteilt.

(4) Behelfsbauten dürfen nur befristet oder widerruflich genehmigt werden. Nach Ablauf der gesetzten Frist oder nach Widerruf ist die Anlage ohne Entschädigung zu beseitigen und ein ordnungsgemäßer Zustand herzustellen.

(5) Die Gemeinde ist, wenn sie nicht Baurechtsbehörde ist, von jeder Baugenehmigung durch Übersendung einer Abschrift des Bescheides und der Pläne zu unterrichten.

(6) Auch nach Erteilung der Baugenehmigung können Anforderungen gestellt werden, um Gefahren für Leben oder Gesundheit oder bei der Genehmigung nicht voraussehbare Gefahren oder erhebliche Nachteile oder Belästigungen von der Allgemeinheit oder den Benutzern der baulichen Anlagen abzuwenden. Bei Gefahr im Verzug kann bis zur Erfüllung dieser Anforderungen die Benutzung der baulichen Anlage eingeschränkt oder untersagt werden.

§ 59
Baubeginn

(1) Mit der Ausführung genehmigungspflichtiger Vorhaben darf erst nach Erteilung des Baufreigabescheins begonnen werden. Der Baufreigabeschein ist zu erteilen, wenn die in der Baugenehmigung für den Baubeginn enthaltenen Auflagen und Bedingungen erfüllt sind. Enthält die Baugenehmigung keine solchen Auflagen oder Bedingungen, so ist der Baufreigabeschein mit der Baugenehmigung zu erteilen. Der Baufreigabeschein muss die Bezeichnung des Bauvorhabens und die Namen und Anschriften des Entwurfsverfassers und des Bauleiters enthalten und ist dem Bauherrn zuzustellen.

(2) Der Bauherr hat den Baubeginn genehmigungspflichtiger Vorhaben und die Wiederaufnahme der Bauarbeiten nach einer Unterbrechung von mehr als sechs Monaten vorher der Baurechtsbehörde in Textform mitzuteilen.

(3) Vor Baubeginn müssen bei genehmigungspflichtigen Vorhaben Grundriss und Höhenlage der baulichen Anlage auf dem Baugrundstück festgelegt sein. Die Baurechtsbehörde kann verlangen, dass diese Festlegungen durch einen Sachverständigen vorgenommen werden.

(4) Bei Vorhaben im Kenntnisgabeverfahren darf mit der Ausführung begonnen werden

1. bei Vorhaben, denen die Angrenzer schriftlich zugestimmt haben, zwei Wochen,

2. bei sonstigen Vorhaben ein Monat

nach Eingang der vollständigen Bauvorlagen bei der Gemeinde, es sei denn, der Bauherr erhält eine Mitteilung nach § 53 Abs. 6 oder der Baubeginn wird nach § 47 Abs. 1 oder vorläufig auf Grund von § 15 Abs. 1 Satz 2 BauGB untersagt.

(5) Bei Vorhaben im Kenntnisgabeverfahren hat der Bauherr vor Baubeginn

1. die bautechnischen Nachweise von einem Sachverständigen prüfen zu lassen, soweit nichts anderes bestimmt ist; die Prüfung muss vor Baubeginn, spätestens jedoch vor Ausführung der jeweiligen Bauabschnitte abgeschlossen sein,

2. Grundriss und Höhenlage von Gebäuden auf dem Baugrundstück durch einen Sachverständigen festlegen zu lassen, soweit nichts anderes bestimmt ist,

3. dem bevollmächtigten Bezirksschornsteinfeger technische Angaben über Feuerungsanlagen sowie über ortsfeste Blockheizkraftwerke und Verbrennungsmotoren in Gebäuden vorzulegen.

(6) Bei Vorhaben im Kenntnisgabeverfahren innerhalb eines förmlich festgelegten Sanierungsgebietes im Sinne des § 142 BauGB, eines förmlich festgelegten städtebaulichen Entwicklungsbereiches im Sinne des § 165 BauGB oder eines förmlich festgelegten Gebiets im Sinne des § 171 d oder § 172 BauGB müssen vor Baubeginn die hierfür erforderlichen Genehmigungen vorliegen.

§ 60
Sicherheitsleistung

(1) Die Baurechtsbehörde kann die Leistung einer Sicherheit verlangen, soweit sie erforderlich ist, um die Erfüllung von Auflagen oder sonstigen Verpflichtungen zu sichern.

(2) Auf Sicherheitsleistungen sind die §§ 232, 234 bis 240 des Bürgerlichen Gesetzbuchs anzuwenden.

§ 61
Teilbaugenehmigung

(1) Ist ein Bauantrag eingereicht, so kann der Beginn der Bauarbeiten für die Baugrube und für einzelne Bauteile oder Bauabschnitte auf Antrag in Textform schon vor Erteilung der Baugenehmigung schriftlich zugelassen werden, wenn nach dem Stand der Prüfung des Bauantrags gegen die Teilausführung keine Bedenken bestehen (Teilbaugenehmigung). §§ 54, 58 Abs. 1 bis 5 sowie § 59 Abs. 1 bis 3 gelten entsprechend.

(2) In der Baugenehmigung können für die bereits genehmigten Teile des Vorhabens, auch wenn sie schon ausgeführt sind, zusätzliche Anforderungen gestellt werden, wenn sich bei der weiteren Prüfung der Bauvorlagen ergibt, dass die zusätzlichen Anforderungen nach § 3 Abs. 1 Satz 1 erforderlich sind.

§ 62
Geltungsdauer der Baugenehmigung

(1) Die Baugenehmigung und die Teilbaugenehmigung erlöschen, wenn nicht innerhalb von drei Jahren nach Erteilung der Genehmigung mit der Bauausführung begonnen oder wenn sie nach diesem Zeitraum ein Jahr unterbrochen worden ist.

(2) Die Frist nach Absatz 1 kann auf Antrag in Textform jeweils bis zu drei Jahren schriftlich verlängert werden. Die Frist kann auch rückwirkend verlängert werden, wenn der Antrag vor Fristablauf bei der Baurechtsbehörde eingegangen ist.

(3) Wird die Nutzung einer Tierhaltungsanlage im Sinne der Geruchsimmissions-Richtlinie innerhalb eines im Zusammenhang bebauten Ortsteils während eines Zeitraums von mehr als sechs Jahren durchgehend unterbrochen, erlischt die Baugenehmigung für die unterbrochene Nutzung. Die Frist kann auf schriftlichen Antrag um bis zu zwei Jahre verlängert werden. Darüber hinaus kann sie bis auf insgesamt zehn Jahre verlängert werden, wenn ein berechtigtes Interesse an der Fortsetzung der Nutzungsunterbrechung besteht. Die Frist kann auch rückwirkend verlängert werden, wenn der Antrag vor Fristablauf bei der Baurechtsbehörde eingegangen ist. Wer ein berechtigtes Interesse an der Feststellung hat, kann beantragen, dass die Baurechtsbehörde das Erlöschen oder das Fortbestehen der Baugenehmigung feststellt.

§ 63
Verbot unrechtmäßig gekennzeichneter Bauprodukte

Sind Bauprodukte entgegen § 21 mit dem Ü-Zeichen gekennzeichnet, so kann die Baurechtsbehörde die Verwendung dieser Bauprodukte untersagen und deren Kennzeichnung entwerten oder beseitigen lassen.

§ 64
Einstellung von Arbeiten

(1) Werden Anlagen im Widerspruch zu öffentlich-rechtlichen Vorschriften errichtet oder abgebrochen, so kann die Baurechtsbehörde die Einstellung der Arbeiten anordnen. Dies gilt insbesondere, wenn

1. die Ausführung eines Vorhabens entgegen § 59 begonnen wurde,

2. das Vorhaben ohne die erforderlichen Bauabnahmen (§ 67) oder Nachweise (§ 66 Abs. 2 und 4) oder über die Teilbaugenehmigung (§ 61) hinaus fortgesetzt wurde,

3. bei der Ausführung eines Vorhabens

a) von der erteilten Baugenehmigung oder Zustimmung,

b) im Kenntnisgabeverfahren von den eingereichten Bauvorlagen

abgewichen wird, es sei denn die Abweichung ist nach § 50 verfahrensfrei,

4. Bauprodukte verwendet werden, die entgegen der Verordnung (EU) Nr. 305/2011 keine CE-Kennzeichnung oder entgegen § 21 kein Ü-Zeichen tragen oder unberechtigt damit gekennzeichnet sind.

Widerspruch und Anfechtungsklage gegen die Anordnung der Einstellung der Arbeiten haben keine aufschiebende Wirkung.

(2) Werden Arbeiten trotz schriftlich oder mündlich verfügter Einstellung fortgesetzt, so kann die Baurechtsbehörde die Baustelle versiegeln und die an der Baustelle vorhandenen Baustoffe, Bauteile, Baugeräte, Baumaschinen und Bauhilfsmittel in amtlichen Gewahrsam nehmen.

§ 65
Abbruchsanordnung und Nutzungsuntersagung

(1) Der teilweise oder vollständige Abbruch einer Anlage, die im Widerspruch zu öffentlich-rechtlichen Vorschriften errichtet wurde, kann angeordnet werden, wenn nicht auf andere Weise rechtmäßige Zustände hergestellt werden können. Werden Anlagen im Widerspruch zu öffentlich-rechtlichen Vorschriften genutzt, so kann diese Nutzung untersagt werden.

(2) Soweit bauliche Anlagen nicht genutzt werden und im Verfall begriffen sind, kann die Baurechtsbehörde die Grundstückseigentümer und Erbbauberechtigten verpflichten, die Anlage abzubrechen oder zu beseitigen; die Bestimmungen des Denkmalschutzgesetzes bleiben unberührt.

§ 66
Bauüberwachung

(1) Die Baurechtsbehörde kann die Ordnungsmäßigkeit der Bauausführung und die ordnungsgemäße Erfüllung der Pflichten der am Bau Beteiligten nach den §§ 42 bis 45 überprüfen. Sie kann verlangen, dass Beginn und Beendigung bestimmter Bauarbeiten angezeigt werden.

(2) Die Ordnungsmäßigkeit der Bauausführung umfasst auch die Tauglichkeit der Gerüste und Absteifungen sowie die Bestimmungen zum Schutze der allgemeinen Sicherheit. Die Baurechtsbehörde und die von ihr Beauftragten können Proben von Bauprodukten, soweit erforderlich auch aus fertigen Bauteilen, entnehmen und prüfen oder prüfen lassen.

(3) Den mit der Überwachung beauftragten Personen ist jederzeit Zutritt zu Baustellen und Betriebsstätten sowie Einblick in Genehmigungen und Zulassungen, Prüfzeugnisse, Übereinstimmungserklärungen, Übereinstimmungszertifikate, Überwachungsnachweise, Zeugnisse und Aufzeichnungen über die Prüfung von Bauprodukten, in die CE-Kennzeichnungen und Leistungserklärungen nach der Verordnung (EU) Nr. 305/2011, in die Bautagebücher und andere vorgeschriebene Aufzeichnungen zu gewähren. Der

Bauherr hat die für die Überwachung erforderlichen Arbeitskräfte und Geräte zur Verfügung zu stellen.

(4) Die Baurechtsbehörde kann einen Nachweis darüber verlangen, dass die Grundflächen, Abstände und Höhenlagen der Gebäude eingehalten sind.

(5) Die Baurechtsbehörde soll, soweit sie im Rahmen der Bauüberwachung Erkenntnisse über systematische Rechtsverstöße gegen die Verordnung (EU) Nr. 305/2011 erlangt, diese der für die Marktüberwachung zuständigen Stelle mitteilen.

§ 67
Bauabnahmen, Inbetriebnahme der Feuerungsanlagen

(1) Soweit es bei genehmigungspflichtigen Vorhaben zur Wirksamkeit der Bauüberwachung erforderlich ist, kann in der Baugenehmigung oder der Teilbaugenehmigung, aber auch noch während der Bauausführung die Abnahme

1. bestimmter Bauteile oder Bauarbeiten und

2. der baulichen Anlage nach ihrer Fertigstellung vorgeschrieben werden.

(2) Schreibt die Baurechtsbehörde eine Abnahme vor, hat der Bauherr rechtzeitig in Textform mitzuteilen, wann die Voraussetzungen für die Abnahme gegeben sind. Der Bauherr oder die Unternehmer haben auf Verlangen die für die Abnahmen erforderlichen Arbeitskräfte und Geräte zur Verfügung zu stellen.

(3) Bei Beanstandungen kann die Abnahme abgelehnt werden. Über die Abnahme stellt die Baurechtsbehörde auf Verlangen des Bauherrn eine Bescheinigung aus (Abnahmeschein).

(4) Die Baurechtsbehörde kann verlangen, dass bestimmte Bauarbeiten erst nach einer Abnahme durchgeführt oder fortgesetzt werden. Sie kann aus den Gründen des § 3 Abs. 1 auch verlangen, dass eine bauliche Anlage erst nach einer Abnahme in Gebrauch genommen wird.

(5) Bei genehmigungspflichtigen und bei kenntnisgabepflichtigen Vorhaben dürfen die Feuerungsanlagen erst in Betrieb genommen werden, wenn der bevollmächtigte Bezirksschornsteinfeger die Brandsicherheit und die sichere Abführung der

Verbrennungsgase bescheinigt hat. Satz 1 gilt für ortsfeste Blockheizkraftwerke und Verbrennungsmotoren in Gebäuden entsprechend.

§ 68
Typenprüfung

(1) Für bauliche Anlagen oder Teile baulicher Anlagen, die in derselben Ausführung an mehreren Stellen errichtet oder verwendet werden sollen, können die Nachweise der Standsicherheit, des Schallschutzes oder der Feuerwiderstandsdauer der Bauteile allgemein geprüft werden (Typenprüfung). Eine Typenprüfung kann auch erteilt werden für bauliche Anlagen, die in unterschiedlicher Ausführung, aber nach einem bestimmten System und aus bestimmten Bauteilen an mehreren Stellen errichtet werden sollen; in der Typenprüfung ist die zulässige Veränderbarkeit festzulegen.

(2) Die Typenprüfung wird auf Antrag in Textform von einem Prüfamt für Baustatik durchgeführt. Soweit die Typenprüfung ergibt, dass die Ausführung den öffentlich-rechtlichen Vorschriften entspricht, ist dies durch Bescheid festzustellen. Die Typenprüfung darf nur widerruflich und für eine Frist von bis zu fünf Jahren erteilt oder verlängert werden. § 62 Abs. 2 Satz 2 gilt entsprechend.

(3) Die in der Typenprüfung entschiedenen Fragen werden von der Baurechtsbehörde nicht mehr geprüft.

(4) Typenprüfungen anderer Bundesländer gelten auch in Baden-Württemberg.

§ 69
Fliegende Bauten

(1) Fliegende Bauten sind bauliche Anlagen, die geeignet und bestimmt sind, an verschiedenen Orten wiederholt aufgestellt und abgebaut zu werden. Baustelleneinrichtungen und Baugerüste gelten nicht als Fliegende Bauten.

(2) Fliegende Bauten bedürfen, bevor sie erstmals aufgestellt und in Gebrauch genommen werden, einer Ausführungsgenehmigung. Dies gilt nicht für unbedeutende Fliegende Bauten, an die besondere Sicherheitsanforderungen nicht gestellt werden, sowie für Fliegende Bauten, die der Landesverteidigung dienen.

(3) Zuständig für die Erteilung der Ausführungsgenehmigung ist die von der obersten Baurechtsbehörde in einer Rechtsverordnung nach § 73 Absatz 8 Nummer 1 bestimmte Stelle.

(4) Die Ausführungsgenehmigung wird für eine bestimmte Frist erteilt, die fünf Jahre nicht überschreiten soll. Sie kann auf Antrag in Textform jeweils bis zu fünf Jahren verlängert werden. § 62 Abs. 2 Satz 2 gilt entsprechend. Die Ausführungsgenehmigung und deren Verlängerung werden in ein Prüfbuch eingetragen, dem eine Ausfertigung der mit Genehmigungsvermerk versehenen Bauvorlagen beizufügen ist.

(5) Der Inhaber der Ausführungsgenehmigung hat den Wechsel seines Wohnsitzes oder seiner gewerblichen Niederlassung oder die Übertragung eines Fliegenden Baues an Dritte der Behörde, die die Ausführungsgenehmigung erteilt hat, anzuzeigen. Diese hat die Änderungen in das Prüfbuch einzutragen und sie, wenn mit den Änderungen ein Wechsel der Zuständigkeit verbunden ist, der nunmehr zuständigen Behörde mitzuteilen.

(6) Fliegende Bauten, die nach Absatz 2 einer Ausführungsgenehmigung bedürfen, dürfen unbeschadet anderer Vorschriften nur in Gebrauch genommen werden, wenn ihre Aufstellung der Baurechtsbehörde des Aufstellungsortes unter Vorlage des Prüfbuches angezeigt ist. Die Baurechtsbehörde kann die Inbetriebnahme von einer Gebrauchsabnahme abhängig machen. Das Ergebnis der Abnahme ist in das Prüfbuch einzutragen. Wenn eine Gefährdung im Sinne des § 3 Abs. 1 nicht zu erwarten ist, kann in der Ausführungsgenehmigung bestimmt werden, dass Anzeigen nach Satz 1 nicht erforderlich sind.

(7) Die für die Gebrauchsabnahme zuständige Baurechtsbehörde kann Auflagen machen oder die Aufstellung oder den Gebrauch Fliegender Bauten untersagen, soweit dies nach den örtlichen Verhältnissen oder zur Abwehr von Gefahren erforderlich ist, insbesondere weil

1. die Betriebs- oder Standsicherheit nicht gewährleistet ist,

2. von der Ausführungsgenehmigung abgewichen wird oder

3. die Ausführungsgenehmigung abgelaufen ist.

Wird die Aufstellung oder der Gebrauch wegen Mängeln am Fliegenden Bau untersagt, so ist dies in das Prüfbuch einzutragen; ist die Beseitigung der Mängel innerhalb angemessener Frist nicht zu erwarten, so ist das Prüfbuch einzuziehen und der für die Erteilung der Ausführungsgenehmigung zuständigen Behörde zuzuleiten.

(8) Bei Fliegenden Bauten, die längere Zeit an einem Aufstellungsort betrieben werden, kann die für die Gebrauchsabnahme zuständige Baurechtsbehörde Nachabnahmen durchführen. Das Ergebnis der Nachabnahmen ist in das Prüfbuch einzutragen.

(9) § 47 Abs. 2, § 53 Absätze 1 bis 4 sowie § 54 Abs. 1 gelten entsprechend.

(10) Ausführungsgenehmigungen anderer Bundesländer gelten auch in Baden-Württemberg.

§ 70
Zustimmungsverfahren, Vorhaben der Landesverteidigung

(1) An die Stelle der Baugenehmigung tritt die Zustimmung, wenn

1. der Bund, ein Land, eine andere Gebietskörperschaft des öffentlichen Rechts oder eine Kirche Bauherr ist und

2. der Bauherr die Leitung der Entwurfsarbeiten und die Bauüberwachung geeigneten Fachkräften seiner Baubehörde übertragen hat.

Dies gilt entsprechend für Vorhaben Dritter, die in Erfüllung einer staatlichen Baupflicht vom Land durchgeführt werden.

(2) Der Antrag auf Zustimmung ist bei der unteren Baurechtsbehörde einzureichen. Hinsichtlich des Prüfungsumfangs gilt § 52 Abs. 2, § 52 Abs. 3, § 53 Abs. 1, 2 und 4, § 54 Abs. 1 und 4, § 55 Absatz 1, 2 und 4, §§ 56, 58, 59 Abs. 1 bis 3, §§ 61, 62, 64, 65 sowie § 67 Abs. 5 gelten entsprechend. Die Fachkräfte nach Absatz 1 Satz 1 Nr. 2 sind der Baurechtsbehörde zu benennen. Die bautechnische Prüfung sowie Bauüberwachung und Bauabnahmen finden nicht statt.

(3) Vorhaben, die der Landesverteidigung dienen, bedürfen weder einer Baugenehmigung noch einer Kenntnisgabe nach § 51 noch einer Zustimmung nach Absatz 1. Sie sind statt dessen der höheren Baurechtsbehörde vor Baubeginn in geeigneter Weise zur Kenntnis zu bringen.

(4) Der Bauherr ist dafür verantwortlich, dass Entwurf und Ausführung von Vorhaben nach den Absätzen 1 und 3 den öffentlich-rechtlichen Vorschriften entsprechen.

§ 71
Übernahme von Baulasten

(1) Durch Erklärung gegenüber der Baurechtsbehörde können Grundstückseigentümer öffentlich-rechtliche Verpflichtungen zu einem ihre Grundstücke betreffenden Tun, Dulden oder Unterlassen übernehmen, die sich nicht schon aus öffentlich-rechtlichen Vorschriften ergeben (Baulasten). Sie sind auch gegenüber dem Rechtsnachfolger wirksam.

(2) Die Erklärung nach Absatz 1 muss vor der Baurechtsbehörde oder vor der Gemeindebehörde abgegeben oder anerkannt werden; sie kann auch in öffentlich beglaubigter Form einer dieser Behörden vorgelegt werden.

(3) Die Baulast erlischt durch schriftlichen Verzicht der Baurechtsbehörde. Der Verzicht ist zu erklären, wenn ein öffentliches Interesse an der Baulast nicht mehr besteht. Vor dem Verzicht sollen der Verpflichtete und die durch die Baulast Begünstigten gehört werden.

§ 72
Baulastenverzeichnis

(1) Die Baulasten sind auf Anordnung der Baurechtsbehörde in ein Verzeichnis einzutragen (Baulastenverzeichnis).

(2) In das Baulastenverzeichnis sind auch einzutragen, soweit ein öffentliches Interesse an der Eintragung besteht,

1. andere baurechtliche, altlastenrechtliche oder bodenschutzrechtliche Verpflichtungen des Grundstückseigentümers zu einem sein Grundstück betreffenden Tun, Dulden oder Unterlassen,

2. Bedingungen, Befristungen und Widerrufsvorbehalte.

(3) Das Baulastenverzeichnis wird von der Gemeinde geführt.

(4) Wer ein berechtigtes Interesse darlegt, kann in das Baulastenverzeichnis Einsicht nehmen und sich Abschriften erteilen lassen.

NEUNTER TEIL
Rechtsvorschriften, Ordnungswidrigkeiten, Übergangs- und Schlussvorschriften

§ 73
Rechtsverordnungen

(1) Zur Verwirklichung der in § 3 Absatz 1 Satz 1, § 16a Absatz 1 und § 16b Absatz 1 bezeichneten Anforderungen werden die obersten Baurechtsbehörden ermächtigt, durch Rechtsverordnung Vorschriften zu erlassen über

1. die nähere Bestimmung allgemeiner Anforderungen in den §§ 4 bis 37,

2. besondere Anforderungen oder Erleichterungen, die sich aus der besonderen Art oder Nutzung der baulichen Anlagen und Räume nach § 38 für ihre Errichtung, Unterhaltung und Nutzung ergeben, sowie über die Anwendung solcher Anforderungen auf bestehende bauliche Anlagen dieser Art,

3. eine von Zeit zu Zeit zu wiederholende Nachprüfung von Anlagen, die zur Verhütung erheblicher Gefahren oder Nachteile ständig ordnungsgemäß unterhalten werden müssen, und die Erstreckung dieser Nachprüfungspflicht auf bestehende Anlagen,

4. die Anwesenheit fachkundiger Personen beim Betrieb technisch schwieriger baulicher Anlagen und Einrichtungen, wie Bühnenbetriebe und technisch schwierige Fliegende Bauten,

5. den Nachweis der Befähigung der in Nummer 4 genannten Personen,

6. die Förderung der Elektromobilität.

(2) Die obersten Baurechtsbehörden werden ermächtigt, zum baurechtlichen Verfahren durch Rechtsverordnung Vorschriften zu erlassen über

1. Art, Inhalt, Beschaffenheit und Zahl der Bauvorlagen, dabei kann festgelegt werden, dass bestimmte Bauvorlagen von Sachverständigen oder sachverständigen Stellen zu verfassen sind,

2. die erforderlichen Anträge, Anzeigen, Nachweise und Bescheinigungen,

3. das Verfahren im Einzelnen.

Sie können dabei für verschiedene Arten von Bauvorhaben unterschiedliche Anforderungen und Verfahren festlegen.

(3) Die oberste Baurechtsbehörde wird ermächtigt, durch Rechtsverordnung vorzuschreiben, dass die am Bau Beteiligten (§§ 42 bis 45) zum Nachweis der ordnungsgemäßen Bauausführung Bescheinigungen, Bestätigungen oder Nachweise des Entwurfsverfassers, der Unternehmer, des Bauleiters, von Sachverständigen, Fachplanern oder Behörden über die Einhaltung baurechtlicher Anforderungen vorzulegen haben.

(4) Die Landesregierung wird ermächtigt, zur Vereinfachung, Erleichterung oder Beschleunigung der baurechtlichen Verfahren oder zur Entlastung der Baurechtsbehörde durch Rechtsverordnung Vorschriften zu erlassen über

1. den vollständigen oder teilweisen Wegfall der Prüfung öffentlich-rechtlicher Vorschriften über die technische Beschaffenheit bei bestimmten Arten von Bauvorhaben,

2. die Heranziehung von Sachverständigen oder sachverständigen Stellen,

3. die Übertragung von Prüfaufgaben im Rahmen des baurechtlichen Verfahrens einschließlich der Bauüberwachung und Bauabnahmen sowie die Übertragung sonstiger, der Vorbereitung baurechtlicher Entscheidungen dienenden Aufgaben und Befugnisse der Baurechtsbehörde auf Sachverständige oder sachverständige Stellen.

Sie kann dafür bestimmte Voraussetzungen festlegen, die die Verantwortlichen nach § 43 zu erfüllen haben.

(5) Die obersten Baurechtsbehörden können durch Rechtsverordnung für Sachverständige, die nach diesem Gesetz oder nach Vorschriften auf Grund dieses Gesetzes tätig werden,

1. eine bestimmte Ausbildung, Sachkunde oder Erfahrung vorschreiben,

2. die Befugnisse und Pflichten bestimmen,

3. eine besondere Anerkennung vorschreiben,

4. die Zuständigkeit, das Verfahren und die Voraussetzungen für die Anerkennung, ihren Widerruf, ihre Rücknahme und ihr Erlöschen sowie die Vergütung der Sachverständigen regeln.

(6) Die oberste Baurechtsbehörde wird ermächtigt, durch Rechtsverordnung die Befugnisse auf andere als in diesen Vorschriften aufgeführte Behörden zu übertragen für

1. die Zuständigkeit für die vorhabenbezogene Bauartgenehmigung nach § 16a Absatz 2 Satz 1 Nummer 2 und den Verzicht darauf im Einzelfall nach § 16a Absatz 4 sowie die Entscheidungen über Zustimmungen im Einzelfall (§ 20),

2. die Anerkennung von Prüf-, Zertifizierungs- und Überwachungsstellen (§ 24).

Die Befugnis nach Nummer 2 kann auch auf eine Behörde eines anderen Landes übertragen werden, die der Aufsicht einer obersten Baurechtsbehörde untersteht oder an deren Willensbildung die oberste Baurechtsbehörde mitwirkt.

(7) Die oberste Baurechtsbehörde kann durch Rechtsverordnung

1. das Ü-Zeichen festlegen und zu diesem Zeichen zusätzliche Angaben verlangen,

2. das Anerkennungsverfahren nach § 24, die Voraussetzungen für die Anerkennung, ihren Widerruf und ihr Erlöschen regeln, insbesondere auch Altersgrenzen festlegen, sowie eine ausreichende Haftpflichtversicherung fordern.

(7a) Die oberste Baurechtsbehörde kann durch Rechtsverordnung vorschreiben, dass für bestimmte Bauprodukte und Bauarten, auch soweit sie Anforderungen nach anderen Rechtsvorschriften unterliegen, hinsichtlich dieser Anforderungen § 16a Absatz 2 und §§ 17 bis 25 ganz oder teilweise anwendbar sind, wenn die anderen Rechtsvorschriften dies verlangen oder zulassen.

(8) Die oberste Baurechtsbehörde wird ermächtigt, durch Rechtsverordnung zu bestimmen, dass

1. Ausführungsgenehmigungen für Fliegende Bauten nur durch bestimmte Behörden oder durch von ihr bestimmte Stellen erteilt und die in § 69 Abs. 6 bis 8 genannten Aufgaben der Baurechtsbehörde durch andere Behörden oder Stellen wahrgenommen werden; dabei kann die Vergütung dieser Stellen geregelt werden,

2. die Anforderungen der auf Grund des § 34 des Produktsicherheitsgesetzes und des § 49 Abs. 4 des Energiewirtschaftgesetzes erlassenen Rechtsverordnungen entsprechend für

Anlagen gelten, die nicht gewerblichen Zwecken dienen und nicht im Rahmen wirtschaftlicher Unternehmungen Verwendung finden; sie kann auch die Verfahrensvorschriften dieser Verordnungen für anwendbar erklären oder selbst das Verfahren bestimmen sowie Zuständigkeiten und Gebühren regeln; dabei kann sie auch vorschreiben, dass danach zu erteilende Erlaubnisse die Baugenehmigung oder die Zustimmung nach § 70 einschließlich der zugehörigen Abweichungen, Ausnahmen und Befreiungen einschließen, sowie dass § 35 Absatz 2 des Produktsicherheitsgesetzes insoweit Anwendung findet.

§ 73a
Technische Baubestimmungen

(1) Die Anforderungen nach § 3 Absatz 1 Satz 1 können durch Technische Baubestimmungen konkretisiert werden. Die Technischen Baubestimmungen sind zu beachten. Von den in den Technischen Baubestimmungen enthaltenen Planungs-, Bemessungs- und Ausführungsregelungen kann abgewichen werden, wenn mit einer anderen Lösung in gleichem Maße die Anforderungen erfüllt werden und in der Technischen Baubestimmung eine Abweichung nicht ausgeschlossen ist; § 16a Absatz 2 und § 17 Absatz 1 bleiben unberührt.

(2) Die Konkretisierungen können durch Bezugnahmen auf technische Regeln und deren Fundstellen oder auf andere Weise erfolgen, insbesondere in Bezug auf:

1. bestimmte bauliche Anlagen oder ihre Teile,

2. die Planung, Bemessung und Ausführung baulicher Anlagen und ihrer Teile,

3. die Leistung von Bauprodukten in bestimmten baulichen Anlagen oder ihren Teilen, insbesondere

a) Planung, Bemessung und Ausführung baulicher Anlagen bei Einbau eines Bauprodukts,

b) Merkmale von Bauprodukten, die sich für einen Verwendungszweck auf die Erfüllung der Anforderungen nach § 3 Absatz 1 Satz 1 auswirken,

c) Verfahren für die Feststellung der Leistung eines Bauproduktes im Hinblick auf Merkmale, die sich für einen Verwendungszweck auf die Erfüllung der Anforderungen nach § 3 Absatz 1 Satz 1 auswirken,

d) zulässige oder unzulässige besondere Verwendungszwecke,

e) die Festlegung von Klassen und Stufen in Bezug auf bestimmte Verwendungszwecke,

f) die für einen bestimmten Verwendungszweck anzugebende oder erforderliche und anzugebende Leistung in Bezug auf ein Merkmal, das sich für einen Verwendungszweck auf die Erfüllung der Anforderungen nach § 3 Absatz 1 Satz 1 auswirkt, soweit vorgesehen in Klassen und Stufen,

4. die Bauarten und die Bauprodukte, die nur eines allgemeinen bauaufsichtlichen Prüfzeugnisses nach § 16a Absatz 3 oder § 19 Absatz 1 bedürfen,

5. Voraussetzungen zur Abgabe der Übereinstimmungserklärung für ein Bauprodukt nach § 22,

6. die Art, den Inhalt und die Form technischer Dokumentation.

(3) Die Technischen Baubestimmungen sollen nach den Grundanforderungen gemäß Anhang I der Verordnung (EU) Nr. 305/2011 gegliedert sein.

(4) Die Technischen Baubestimmungen enthalten die in § 17 Absatz 3 genannte Liste.

(5) Im gegenseitigen Einvernehmen machen die in § 46 Absatz 1 Nummer 1 bezeichneten obersten Baurechtsbehörden nach Anhörung der beteiligten Kreise zur Durchführung dieses Gesetzes und der auf Grund dieses Gesetzes erlassenen Rechtsverordnungen die Technischen Baubestimmungen nach Absatz 1 als Verwaltungsvorschrift bekannt. Soweit diese Technischen Baubestimmungen einem vom Deutschen Institut für Bautechnik im Einvernehmen mit den obersten Bauaufsichtsbehörden der Länder veröffentlichten Muster einer Verwaltungsvorschrift über Technische Baubestimmungen entsprechen und zu diesem Muster bereits eine Anhörung der beteiligten Kreise durch das Deutsche Institut für Bautechnik erfolgt ist, ist eine Anhörung nach Satz 1 entbehrlich.

§ 74
Örtliche Bauvorschriften

(1) Zur Durchführung baugestalterischer Absichten, zur Erhaltung schützenswerter Bauteile, zum Schutz bestimmter Bauten, Straßen, Plätze oder Ortsteile von geschichtlicher, künstlerischer oder städtebaulicher Bedeutung sowie zum Schutz von Kultur- und Naturdenkmalen können die Gemeinden im Rahmen dieses Gesetzes in bestimmten bebauten oder unbebauten Teilen des Gemeindegebiets durch Satzung örtliche Bauvorschriften erlassen über

1. Anforderungen an die äußere Gestaltung baulicher Anlagen einschließlich Regelungen über Gebäudehöhen und -tiefen sowie über die Begrünung,

2. Anforderungen an Werbeanlagen und Automaten; dabei können sich die Vorschriften auch auf deren Art, Größe, Farbe und Anbringungsort sowie auf den Ausschluss bestimmter Werbeanlagen und Automaten beziehen,

3. Anforderungen an die Gestaltung, Bepflanzung und Nutzung der unbebauten Flächen der bebauten Grundstücke und an die Gestaltung der Plätze für bewegliche Abfallbehälter sowie über Notwendigkeit oder Zulässigkeit und über Art, Gestaltung und Höhe von Einfriedungen,

4. die Beschränkung oder den Ausschluss der Verwendung von Außenantennen,

5. die Unzulässigkeit von Niederspannungsfreileitungen in neuen Baugebieten und Sanierungsgebieten,

6. das Erfordernis einer Kenntnisgabe für Vorhaben, die nach § 50 verfahrensfrei sind,

7. andere als die in § 5 Abs. 7 vorgeschriebenen Maße. Die Gemeinden können solche Vorschriften auch erlassen, soweit dies zur Verwirklichung der Festsetzungen einer städtebaulichen Satzung erforderlich ist und eine ausreichende Belichtung gewährleistet ist. Sie können zudem regeln, dass § 5 Abs. 7 keine Anwendung findet, wenn durch die Festsetzungen einer städtebaulichen Satzung Außenwände zugelassen oder vorgeschrieben werden, vor denen Abstandsflächen größerer oder geringerer Tiefe als nach diesen Vorschriften liegen müssten.

Anforderungen nach Satz 1 Nummer 1, die allein zur Durchführung baugestalterischer Absichten gestellt werden, dürfen die Nutzung erneuerbarer Energien nicht ausschließen oder unangemessen beeinträchtigen.

(2) Soweit Gründe des Verkehrs oder städtebauliche Gründe oder Gründe sparsamer Flächennutzung dies rechtfertigen, können die Gemeinden für das Gemeindegebiet oder für genau abgegrenzte Teile des Gemeindegebiets durch Satzung bestimmen, dass

1. die Stellplatzverpflichtung (§ 37 Abs. 1) eingeschränkt wird,

2. die Stellplatzverpflichtung für Wohnungen (§ 37 Abs. 1) auf bis zu zwei Stellplätze erhöht wird; für diese Stellplätze gilt § 37 entsprechend,

3. die Herstellung von Stellplätzen und Garagen eingeschränkt oder untersagt wird,

4. Stellplätze und Garagen auf anderen Grundstücken als dem Baugrundstück herzustellen sind,

5. Stellplätze und Garagen nur in einer platzsparenden Bauart hergestellt werden dürfen, zum Beispiel mehrgeschossig, als kraftbetriebene Hebebühnen oder als automatische Garagen,

6. Abstellplätze für Fahrräder in ausreichender Zahl und geeigneter Beschaffenheit herzustellen sind.

(3) Die Gemeinden können durch Satzung für das Gemeindegebiet oder genau abgegrenzte Teile des Gemeindegebiets bestimmen, dass

1. zur Vermeidung von überschüssigem Bodenaushub die Höhenlage der Grundstücke erhalten oder verändert wird,

2. Anlagen zum Sammeln, Verwenden oder Versickern von Niederschlagswasser oder zum Verwenden von Brauchwasser herzustellen sind, um die Abwasseranlagen zu entlasten, Überschwemmungsgefahren zu vermeiden und den Wasserhaushalt zu schonen, soweit gesundheitliche oder wasserwirtschaftliche Belange nicht beeinträchtigt werden.

(4) Durch Satzung können die Gemeinden für das Gemeindegebiet oder genau abgegrenzte Teile des Gemeindegebiets bestimmen, dass

1. für bestehende Gebäude Kinderspielplätze nach § 9 Absatz 2 Satz 1 anzulegen sind, wenn hierfür geeignete nichtüberbaute Flächen auf dem Grundstück vorhanden sind oder ohne wesentliche Änderung oder Abbruch baulicher Anlagen geschaffen werden können,

2. eine von § 9 Absatz 2 Satz 1 abweichende Wohnungszahl gilt.

(5) Anforderungen nach den Absätzen 1 bis 3 können in den örtlichen Bauvorschriften auch in Form zeichnerischer Darstellungen gestellt werden.

(6) Die örtlichen Bauvorschriften werden nach den entsprechend geltenden Vorschriften des § 1 Abs. 3 Satz 2 und Abs. 8, § 3 Abs. 2, des § 4 Abs. 2, des § 9 Abs. 7 und des § 13 BauGB erlassen. § 10 Abs. 3 BauGB gilt entsprechend mit der Maßgabe, dass die Gemeinde in der Satzung auch einen späteren Zeitpunkt für das Inkrafttreten bestimmen kann.

(7) Werden örtliche Bauvorschriften zusammen mit einem Bebauungsplan oder einer anderen städtebaulichen Satzung nach dem Baugesetzbuch beschlossen, richtet sich das Verfahren für ihren Erlass in vollem Umfang nach den für den Bebauungsplan oder die sonstige städtebauliche Satzung geltenden Vorschriften. Dies gilt für die Änderung, Ergänzung und Aufhebung entsprechend.

§ 75
Ordnungswidrigkeiten

(1) Ordnungswidrig handelt, wer vorsätzlich oder fahrlässig

1. entgegen § 8 Absatz 2 Satz 1 die geplante Teilung eines Grundstücks nicht anzeigt,

2. Bauprodukte entgegen § 21 Absatz 3 ohne das Ü-Zeichen verwendet,

3. Bauarten entgegen § 16a ohne Bauartgenehmigung oder allgemeines bauaufsichtliches Prüfzeugnis für Bauarten anwendet,

4. Bauprodukte mit dem Ü-Zeichen kennzeichnet, ohne dass dafür die Voraussetzungen nach § 21 Absatz 3 vorliegen,

5. als Bauherr entgegen § 42 Absatz 1 Satz 3 die erforderlichen Nachweise und Unterlagen zu den verwendeten Bauprodukten und den angewandten Bauarten nicht bereithält oder entgegen § 42 Abs. 2 Satz 3 kenntnisgabepflichtige Abbrucharbeiten ausführt oder ausführen lässt,

6. als Entwurfsverfasser entgegen § 43 Abs. 2 den Bauherrn nicht veranlasst, geeignete Fachplaner zu bestellen,

7. als Unternehmer entgegen § 44 Absatz 1 Satz 2 nicht für die ordnungsgemäße Einrichtung und den sicheren Betrieb der Baustellen sorgt oder entgegen § 44 Absatz 1

Satz 3 die erforderlichen Nachweise und Unterlagen zu den verwendeten Bauprodukten und den angewandten Bauarten nicht erbringt oder nicht bereithält,

8. als Bauleiter entgegen § 45 Abs. 1 nicht auf das gefahrlose Ineinandergreifen der Arbeiten der Unternehmer achtet,

9. als Bauherr, Unternehmer oder Bauleiter eine nach § 49 genehmigungspflichtige Anlage oder Einrichtung ohne Genehmigung errichtet, benutzt oder von der erteilten Genehmigung abweicht, obwohl er dazu einer Genehmigung bedurft hätte,

10. als Bauherr oder Bauleiter von den im Kenntnisgabeverfahren eingereichten Bauvorlagen abweicht, es sei denn, die Abweichung ist nach § 50 verfahrensfrei,

11. als Bauherr, Unternehmer oder Bauleiter entgegen § 59 Abs. 1 ohne Baufreigabeschein mit der Ausführung eines genehmigungspflichtigen Vorhabens beginnt, oder als Bauherr entgegen § 59 Abs. 2 den Baubeginn oder die Wiederaufnahme von Bauarbeiten nicht oder nicht rechtzeitig mitteilt, entgegen § 59 Abs. 3, 4 oder 5 mit der Bauausführung beginnt, entgegen § 67 Abs. 4 ohne vorherige Abnahme Bauarbeiten durchführt oder fortsetzt oder eine bauliche Anlage in Gebrauch nimmt oder entgegen § 67 Abs. 5 eine Feuerungsanlage in Betrieb nimmt,

12. Fliegende Bauten entgegen § 69 Abs. 2 ohne Ausführungsgenehmigung oder entgegen § 69 Abs. 6 ohne Anzeige und Abnahme in Gebrauch nimmt.

(2) Ordnungswidrig handelt auch, wer wider besseres Wissen

1. unrichtige Angaben macht oder unrichtige Pläne oder Unterlagen vorlegt, um einen nach diesem Gesetz vorgesehenen Verwaltungsakt zu erwirken oder zu verhindern, oder

2. eine unrichtige bautechnische Prüfbestätigung nach § 17 Abs. 2 und 3 LBOVVO abgibt.

(3) Ordnungswidrig handelt ferner, wer vorsätzlich oder fahrlässig

1. als Bauherr oder Unternehmer einer vollziehbaren Verfügung der Baurechtsbehörde zuwiderhandelt,

2. einer auf Grund dieses Gesetzes ergangenen Rechtsverordnung oder örtlichen Bauvorschrift zuwiderhandelt, wenn die Rechtsverordnung oder örtliche Bauvorschrift für einen bestimmten Tatbestand auf diese Bußgeldvorschrift verweist.

(4) Die Ordnungswidrigkeit kann mit einer Geldbuße bis zu 100 000 Euro geahndet werden.

(5) Gegenstände, auf die sich eine Ordnungswidrigkeit nach Absatz 1 Nummern 2 oder 4 oder Absatz 2 bezieht, können eingezogen werden.

(6) Verwaltungsbehörde im Sinne des § 36 Abs. 1 Nr. 1 des Gesetzes über Ordnungswidrigkeiten ist die untere Baurechtsbehörde. Hat den zu vollziehenden Verwaltungsakt eine höhere oder oberste Landesbehörde erlassen, so ist diese Behörde zuständig.

§ 76
Bestehende bauliche Anlagen

(1) Werden in diesem Gesetz oder in den auf Grund dieses Gesetzes erlassenen Vorschriften andere Anforderungen als nach dem bisherigen Recht gestellt, so kann verlangt werden, dass rechtmäßig bestehende oder nach genehmigten Bauvorlagen bereits begonnene Anlagen den neuen Vorschriften angepasst werden, wenn Leben oder Gesundheit bedroht sind.

(2) Sollen rechtmäßig bestehende Anlagen wesentlich geändert werden, so kann gefordert werden, dass auch die nicht unmittelbar berührten Teile der Anlage mit diesem Gesetz oder den auf Grund dieses Gesetzes erlassenen Vorschriften in Einklang gebracht werden, wenn

1. die Bauteile, die diesen Vorschriften nicht mehr entsprechen, mit dem beabsichtigten Vorhaben in einem konstruktiven Zusammenhang stehen und

2. die Einhaltung dieser Vorschriften bei den von dem Vorhaben nicht berührten Teilen der Anlage keine unzumutbaren Mehrkosten verursacht.

§ 77
Übergangsvorschriften

(1) Die vor Inkrafttreten dieses Gesetzes eingeleiteten Verfahren sind nach den bisherigen Verfahrensvorschriften weiterzuführen. Die materiellen Vorschriften dieses Gesetzes sind in diesen Verfahren nur insoweit anzuwenden, als sie für den Antragsteller eine günstigere Regelung enthalten als das bisher geltende Recht. § 76 bleibt unberührt. Die

Sätze 1 bis 3 gelten für Änderungsgesetze zu diesem Gesetz entsprechend, soweit nichts Abweichendes geregelt ist.

(2) Wer bis zum Inkrafttreten dieses Gesetzes als Planverfasser für Bauvorlagen bestellt werden durfte, darf in bisherigem Umfang auch weiterhin als Entwurfsverfasser bestellt werden.

(3) Bis zum Ablauf des 30. November 2017 für Bauarten erteilte allgemeine bauaufsichtliche Zulassungen oder Zustimmungen im Einzelfall gelten als Bauartgenehmigung nach § 16a Absatz 2 fort.

(4) Bestehende Anerkennungen von Prüf-, Überwachungs- und Zertifizierungsstellen bleiben in dem bis zum Ablauf des 30. November 2017 geregelten Umfang wirksam. Bis zum Ablauf des 30. November 2017 gestellte Anträge auf Anerkennung von Prüf-, Überwachungs- und Zertifizierungsstellen gelten als Anträge nach diesem Gesetz.

(5) Bis zum 31. Dezember 2021 kann die zuständige Behörde abweichend von § 53 Absatz 2, § 56 Absatz 6 Satz 1, § 57 Absatz 1 Satz 1, § 61 Absatz 1 Satz 1 sowie § 68 Absatz 2 Satz 1 verlangen, dass elektronisch eingereichte Dokumente in Schriftform nachzureichen sind.

§ 78
Außerkrafttreten bisherigen Rechts

(1) Am 1. Januar 1996 treten außer Kraft

1. die Landesbauordnung für Baden-Württemberg (LBO) in der Fassung vom 28. November 1983 (GBl. S. 770, ber. 1984 S. 519), zuletzt geändert durch Artikel 14 der Verordnung vom 23. Juli 1993 (GBl. S. 533) mit Ausnahme der §§ 20 bis 24,

2. die Verordnung des Innenministeriums über den Wegfall der Genehmigungspflicht bei Wohngebäuden und Nebenanlagen (Baufreistellungsverordnung) vom 26. April 1990 (GBl. S. 144), geändert durch Verordnung vom 27. April 1995 (GBl. S. 371),

3. die Verordnung des Innenministeriums über den Wegfall der Genehmigungs- und Anzeigepflicht von Werbeanlagen während des Wahlkampfes (Werbeanlagenverordnung) vom 12. Juni 1969 (GBl. S. 122).

(2) Am Tage nach der Verkündung treten außer Kraft

1. die §§ 20 bis 24 der Landesbauordnung für Baden-Württemberg (LBO) in der Fassung vom 28. November 1983 (GBl. S. 770, ber. 1984 S. 519), zuletzt geändert durch Artikel 14 der Verordnung vom 23. Juli 1993 (GBl. S. 533),

2. die Verordnung des Innenministeriums über prüfzeichenpflichtige Baustoffe, Bauteile und Einrichtungen (Prüfzeichenverordnung) vom 13. Juni 1991 (GBl. S. 483),

3. die Verordnung des Innenministeriums über die Überwachung von Baustoffen und Bauteilen (Überwachungsverordnung) vom 30. September 1985 (GBl. S. 349).

§ 79
Inkrafttreten

Dieses Gesetz tritt am 1. Januar 1996 in Kraft. Abweichend hiervon treten die §§ 17 bis 25, § 77 Abs. 3 bis 8 sowie Vorschriften, die zum Erlass von Rechtsverordnungen oder örtlichen Bauvorschriften ermächtigen, am Tage nach der Verkündung in Kraft.

Anhang

(zu § 50 Abs. 1)

Verfahrensfreie Vorhaben

1. Gebäude und Gebäudeteile

a) Gebäude ohne Aufenthaltsräume, Toiletten oder Feuerstätten, wenn die Gebäude weder Verkaufs- noch Ausstellungszwecken dienen, im Innenbereich bis 40 m³, im Außenbereich bis 20 m³ Brutto-Rauminhalt,

b) Garagen einschließlich überdachter Stellplätze mit einer mittleren Wandhöhe bis zu 3 m und einer Grundfläche bis zu 30 m², außer im Außenbereich,

c) Gebäude ohne Aufenthaltsräume, Toiletten oder Feuerstätten, die einem land- oder forstwirtschaftlichen Betrieb dienen und ausschließlich zur Unterbringung von Ernteerzeugnissen oder Geräten oder zum vorübergehenden Schutz von Menschen und Tieren bestimmt sind, bis 100 m² Grundfläche und einer mittleren traufseitigen Wandhöhe bis zu 5 m,

d) Gewächshäuser bis zu 5 m Höhe, im Außenbereich nur landwirtschaftliche Gewächshäuser,

e) Wochenendhäuser in Wochenendhausgebieten,

f) Gartenhäuser in Gartenhausgebieten,

g) Gartenlauben in Kleingartenanlagen im Sinne des § 1 Abs. 1 des Bundeskleingartengesetzes,

h) Fahrgastunterstände, die dem öffentlichen Personenverkehr oder der Schülerbeförderung dienen,

i) Schutzhütten und Grillhütten für Wanderer, wenn die Hütten jedermann zugänglich sind und keine Aufenthaltsräume haben,

j) Gebäude für die Wasserwirtschaft, das Fernmeldewesen oder für die öffentliche Versorgung mit Wasser, Elektrizität, Gas, Öl oder Wärme im Innenbereich bis 30 m²

Grundfläche und bis 5 m Höhe, im Außenbereich bis 20 m² Grundfläche und bis 3 m Höhe,

k) Vorbauten ohne Aufenthaltsräume im Innenbereich bis 40 m³ Brutto-Rauminhalt,

l) Terrassenüberdachungen im Innenbereich bis 30 m² Grundfläche,

m) Balkonverglasungen sowie Balkonüberdachungen bis 30 m² Grundfläche;

2. tragende und nichttragende Bauteile

a) Die Änderung tragender oder aussteifender Bauteile innerhalb von Wohngebäuden der Gebäudeklassen 1 und 2,

b) nichttragende und nichtaussteifende Bauteile innerhalb von baulichen Anlagen,

c) Öffnungen in Außenwänden und Dächern von Wohngebäuden und Wohnungen,

d) Außenwandbekleidungen einschließlich Maßnahmen der Wärmedämmung, ausgenommen bei Hochhäusern, Verblendungen und Verputz baulicher Anlagen,

e) Bedachungen einschließlich Maßnahmen der Wärmedämmung, ausgenommen bei Hochhäusern,

f) sonstige unwesentliche Änderungen an oder in Anlagen oder Einrichtungen;

3. Feuerungs- und andere Energieerzeugungsanlagen

a) Feuerungsanlagen sowie ortsfeste Blockheizkraftwerke und Verbrennungsmotoren in Gebäuden mit der Maßgabe, dass dem bevollmächtigten Bezirksschornsteinfeger mindestens zehn Tage vor Beginn der Ausführung die erforderlichen technischen Angaben vorgelegt werden und er vor der Inbetriebnahme die Brandsicherheit und die sichere Abführung der Verbrennungsgase bescheinigt,

b) Wärmepumpen,

c) Anlagen zur photovoltaischen und thermischen Solarnutzung auf oder an Gebäuden sowie eine damit verbundene Änderung der Nutzung oder der äußeren Gestalt der Gebäude; gebäudeunabhängige Anlagen nur bis 3 m Höhe und einer Gesamtlänge bis zu 9 m,

d) Windenergieanlagen bis 10 m Höhe;

4. Anlagen der Ver- und Entsorgung

a) Leitungen aller Art sowie Ladestationen für Elektrofahrzeuge,

b) Abwasserbehandlungsanlagen für häusliches Schmutzwasser,

c) Anlagen zur Verteilung von Wärme bei Warmwasser- und Niederdruckdampfheizungen,

d) bauliche Anlagen, die dem Fernmeldewesen, der öffentlichen Versorgung mit Elektrizität, Gas, Öl oder Wärme dienen, bis 30 m² Grundfläche und 5 m Höhe, ausgenommen Gebäude,

e) bauliche Anlagen, die der Aufsicht der Wasserbehörden oder der unteren Verwaltungsbehörden gemäß § 96 Abs. 1 b des Wassergesetzes für Baden-Württemberg *) unterliegen oder die Abfallentsorgungsanlagen sind, ausgenommen Gebäude,

f) Be- und Entwässerungsanlagen auf land- oder forstwirtschaftlich genutzten Flächen;

5. Masten, Antennen und ähnliche bauliche Anlagen

a) Masten und Unterstützungen für

- Fernsprechleitungen,

- Leitungen zur Versorgung mit Elektrizität,

- Seilbahnen,

- Leitungen sonstiger Verkehrsmittel,

- Sirenen,

- Fahnen,

- Einrichtungen der Brauchtumspflege,

b) Flutlichtmasten mit einer Höhe bis zu 10 m,

c) Antennen einschließlich der Masten bis 10 m Höhe und zugehöriger Versorgungseinheiten bis 10 m³ Brutto-Rauminhalt sowie, soweit sie in, auf oder an einer bestehenden baulichen Anlage errichtet werden, die damit verbundene Nutzungsänderung oder bauliche Änderung der Anlage; für Mobilfunkantennen gilt dies mit der Maßgabe, dass deren Errichtung mindestens acht Wochen vorher der Gemeinde angezeigt wird,

d) Signalhochbauten der Landesvermessung,

e) Blitzschutzanlagen;

6. Behälter, Wasserbecken, Fahrsilos

a) Behälter für verflüssigte Gase mit einem Fassungsvermögen von weniger als 3 t, für nicht verflüssigte Gase mit einem Brutto-Rauminhalt bis zu 6 m³,

b) Gärfutterbehälter bis 6 m Höhe und Schnitzelgruben,

c) Behälter für wassergefährdende Stoffe mit einem Brutto-Rauminhalt bis zu 10 m³,

d) sonstige drucklose Behälter mit einem Brutto-Rauminhalt bis zu bis 50 m³ und 3 m Höhe,

e) Wasserbecken bis 100 m³ Beckeninhalt, im Außenbereich nur, wenn sie einer land- oder forstwirtschaftlichen Nutzung dienen,

f) landwirtschaftliche Fahrsilos, Kompost- und ähnliche Anlagen;

7. Einfriedungen, Stützmauern

a) Einfriedungen im Innenbereich,

b) offene Einfriedungen ohne Fundamente und Sockel im Außenbereich, die einem land- oder forstwirtschaftlichen Betrieb dienen,

c) Stützmauern bis 2 m Höhe;

8. bauliche Anlagen zur Freizeitgestaltung

a) Wohnwagen, Zelte und bauliche Anlagen, die keine Gebäude sind, auf Camping-, Zelt- und Wochenendplätzen,

b) Anlagen, die der Gartennutzung, der Gartengestaltung oder der zweckentsprechenden Einrichtung von Gärten dienen, ausgenommen Gebäude und Einfriedungen,

c) Pergolen, im Außenbereich jedoch nur bis 10 m² Grundfläche,

d) Anlagen, die der zweckentsprechenden Einrichtung von Spiel-, Abenteuerspiel-, Ballspiel- und Sportplätzen, Reit- und Wanderwegen, Trimm- und Lehrpfaden dienen, ausgenommen Gebäude und Tribünen,

e) Sprungtürme, Sprungschanzen und Rutschbahnen bis 10 m Höhe,

f) luftgetragene Schwimmbeckenüberdachungen bis 100 m² Grundfläche im Innenbereich;

9. Werbeanlagen, Automaten

a) Werbeanlagen im Innenbereich bis 1 m² Ansichtsfläche,

b) Werbeanlagen in durch Bebauungsplan festgesetzten Gewerbe-, Industrie- und vergleichbaren Sondergebieten an der Stätte der Leistung bis zu 10 m Höhe über der Geländeoberfläche,

c) vorübergehend angebrachte oder aufgestellte Werbeanlagen im Innenbereich an der Stätte der Leistung oder für zeitlich begrenzte Veranstaltungen,

d) Automaten;

10. Vorübergehend aufgestellte oder genutzte Anlagen

a) Gerüste,

b) Baustelleneinrichtungen einschließlich der Lagerhallen, Schutzhallen und Unterkünfte,

c) Behelfsbauten, die der Landesverteidigung, dem Katastrophenschutz, der Unfallhilfe oder der Unterbringung Obdachloser dienen und nur vorübergehend aufgestellt werden,

d) Verkaufsstände und andere bauliche Anlagen auf Straßenfesten, Volksfesten und Märkten, ausgenommen Fliegende Bauten,

e) Toilettenwagen,

f) bauliche Anlagen, die für höchstens drei Monate auf genehmigten Messe- oder Ausstellungsgeländen errichtet werden, ausgenommen Fliegende Bauten;

11. sonstige bauliche Anlagen und Teile baulicher Anlagen

a) private Verkehrsanlagen, einschließlich Überbrückungen und Untertunnelungen mit nicht mehr als 5 m lichte Weite oder Durchmesser,

b) Stellplätze bis 50 m² Nutzfläche je Grundstück im Innenbereich,

c) Fahrradabstellanlagen,

d) Regale mit einer Höhe bis zu 7,50 m Oberkante Lagergut,

e) selbständige Aufschüttungen und Abgrabungen bis 2 m Höhe oder Tiefe, im Außenbereich nur, wenn die Aufschüttungen und Abgrabungen nicht mehr als 500 m² Fläche haben,

f) Denkmale und Skulpturen sowie Grabsteine, Grabkreuze und Feldkreuze,

g) Brunnenanlagen,

h) Ausstellungs-, Abstell- und Lagerplätze im Innenbereich bis 100 m² Nutzfläche,

i) unbefestigte Lager- und Abstellplätze bis 500 m² Nutzfläche, die einem land- oder forstwirtschaftlichen Betrieb dienen;

12. nicht aufgeführte Anlagen

a) sonstige untergeordnete oder unbedeutende bauliche Anlagen,

b) Anlagen und Einrichtungen, die mit den in den Nummern 1 bis 11 aufgeführten Anlagen und Einrichtungen vergleichbar sind

ISBN 978-3-947201-99-0
Als Taschenbuch:
https://amzn.to/2NO6oZR
Als eBook:
https://amzn.to/2NR2MGq

ISBN 978-3-947201-98-3
Als Taschenbuch:
https://amzn.to/2EWJYT8
Als eBook:
https://amzn.to/2TnDJ6C

ISBN 978-3-947201-97-6
Als Taschenbuch:
https://amzn.to/2VLd5yo
Als eBook:
https://amzn.to/2C8JKXq

ISBN 978-3-947201-96-9
Als Taschenbuch:
https://amzn.to/2EWMglc
Als eBook:
https://amzn.to/2C95qmo

ISBN 978-3-947201-95-2
Als Taschenbuch:
https://amzn.to/2NUaRKE
Als eBook:
https://amzn.to/2VLOCsS

ISBN 978-3-947201-94-5
Als Taschenbuch:
https://amzn.to/2TndfPT
Als eBook:
https://amzn.to/2H8Hrrt

ISBN 978-3-947201-93-8
Als Taschenbuch:
https://amzn.to/2C6B5Vd
Als eBook:
https://amzn.to/2H8q7mm

ISBN 978-3-947201-92-1
Als Taschenbuch:
https://amzn.to/2NSk6L5
Als eBook:
https://amzn.to/2Cb6Bl3

ISBN 978-3-947201-91-4
Als Taschenbuch:
https://amzn.to/2NPwnzR
Als eBook:
https://amzn.to/2H6nQIp

ISBN 978-3-947201-90-7
Als Taschenbuch:
https://amzn.to/2H79rvJ
Als eBook:
https://amzn.to/2NSlSMf

ISBN 978-3-947201-89-1
Als Taschenbuch:
https://amzn.to/2AzIr2y
Als eBook:
https://amzn.to/2Azbzak

ISBN 978-3-947201-88-4
Als Taschenbuch:
https://amzn.to/2Qhn7tb
Als eBook:
https://amzn.to/2QnrfIc

ISBN 978-3-947201-87-7
Als Taschenbuch:
https://amzn.to/2AAWlRS
Als eBook:
https://amzn.to/2ACbUbW

ISBN 978-3-947201-86-0
Als Taschenbuch:
https://amzn.to/2AE4Z1X
Als eBook:
https://amzn.to/2M8MaJX

ISBN 978-3-947201-85-3
Als Taschenbuch:
https://amzn.to/2M4MmcZ
Als eBook:
https://amzn.to/32XOrhU

GESETZESTEXTE

Deutsche Gesetze

M&E Rechts- & Gesetzesredaktion

https://amzn.to/2EWAY0i

HAFTUNGSAUSSCHLUSS

Die Umsetzung aller enthaltenen Informationen, Anleitungen und Strategien dieses Werkes erfolgt auf eigenes Risiko. Für etwaige Schäden jeglicher Art kann der Verlag/Herausgeber/Autor aus keinem Rechtsgrund eine Haftung übernehmen. Für Schäden materieller oder ideeller Art, die durch die Nutzung oder Nichtnutzung der Informationen bzw. durch die Nutzung fehlerhafter und/oder unvollständiger Informationen verursacht wurden, sind Haftungsansprüche gegen den Verlag/Herausgeber/Autor grundsätzlich ausgeschlossen. Ausgeschlossen sind daher auch jegliche Rechts- und Schadensersatzansprüche. Dieses Werk wurde mit größter Sorgfalt nach bestem Wissen und Gewissen erarbeitet und niedergeschrieben. Für die Aktualität, Vollständigkeit und Qualität der Informationen übernimmt der Verlag/Herausgeber/Autor jedoch keinerlei Gewähr. Auch können Druckfehler und Falschinformationen nicht vollständig ausgeschlossen werden. Für fehlerhafte Angaben vom Verlag/Herausgeber/Autor kann keine juristische Verantwortung sowie Haftung in irgendeiner Form übernommen werden.

www.ingramcontent.com/pod-product-compliance
Ingram Content Group UK Ltd.
Pitfield, Milton Keynes, MK11 3LW, UK
UKHW050411240426
12048UKWH00020B/1457